O Dever do Advogado

Posse de Direitos Pessoais

Rui Barbosa

TEXTO INTEGRAL

3ª Edição

COLEÇÃO A OBRA-PRIMA DE CADA AUTOR

O Dever do Advogado

Posse de Direitos Pessoais

Rui Barbosa

TEXTO INTEGRAL

MARTIN CLARET

CRÉDITOS

Idealização e Coordenação
Martin Claret

Assistente Editorial
Rosana Gilioli Citino

Capa
Ilustração
Marcellin Talbot

Miolo
Revisão
Arlete Sousa

Projeto Gráfico
José Duarte T. de Castro

Direção de Arte
José Duarte T. de Castro

Editoração Eletrônica
Editora Martin Claret

Papel
Off-Set, 70g/m²

Impressão e Acabamento
PSI7

Editora Martin Claret Ltda. – Rua Alegrete, 62 – Bairro Sumaré
CEP: 01254-010 – São Paulo – SP
Tel.: (11) 3672-8144 – Fax: (11) 3673-7146

www.martinclaret.com.br / editorial@martinclaret.com.br

Agradecemos a todos os nossos amigos e colaboradores — pessoas físicas e jurídicas — que deram as condições para que fosse possível a publicação deste livro.

Impresso em 2012

Prefácio de

EVARISTO DE MORAIS FILHO

1. Não se trata aqui de fazer história criminal nem de cuidar dos pormenores do homicídio que ocorreu às 14:30 horas do dia 14 de outubro de 1911, sábado, defronte do Clube Naval, na esquina da Rua Barão de São Gonçalo com a Avenida Central, denominações antigas das atuais Avenidas Almirante Barroso e Rio Branco. Omitiríamos até as identidades da vítima e do principal acusado, se as mesmas já não constassem da consulta de Evaristo de Morais e da resposta de Rui Barbosa. Deve existir um certo pudor — nem sempre observado — em revolver fatos delituosos do passado, mormente quando sobre eles já se pronunciou a Justiça em última e definitiva instância, com decisão irrecorrível passada em julgado, após amplo debate e análise minuciosa da prova. O processo está encerrado para sempre, todos os personagens do drama — acusado, vítima, advogados, juízes, jurados, promotores, delegados, testemunhas — também já encerraram suas vidas para sempre. Deles só restam o pó e a lembrança. Todos merecem respeito diante do irremediável e das posições que assumiram quando vivos, não nos sendo lícito fazer reviver na opinião pública um crime que aconteceu há setenta e três anos e que, à época, foi motivo de grande escândalo estampado nas primeiras páginas dos jornais, esgotando-lhes as edições, com reportagens que desciam à intimidade das famílias dos seus dois principais protagonistas. Por certo hão de se encontrar vivos muitos dos seus descendentes, diretos ou colaterais, para os quais o episódio ainda não foi esquecido, conformados uns, inconfor-

mados outros, com a decisão judicial. Não se deve agora trazer de volta o mesmo escândalo nem reabrir as chagas de acusação e defesa. Ambas foram veementes e brilhantes a seu tempo, não poupando argumentos nem palavras por vezes rudes e cruéis. Pela posição social dos protagonistas é fácil imaginar o farto material que alimentou o sensacionalismo que se levantou em torno do crime, ocupando a imprensa por vários anos, servindo, como autêntico folhetim, de leitura diária do público do Rio de Janeiro e de todo o País. Os principais jornais da Capital chegaram a dedicar longos rodapés e editoriais ao trágico episódio, quase sempre contrários ao acusado, não só diante da primeira impressão do crime, como igual e principalmente por motivos partidários. Nenhum juízo foi emitido sem paixão: a todos faltava serenidade, que somente começou a voltar aos espíritos com o desenrolar do processo e a apresentação das provas. E, como sempre acontece nesses casos, nem todos se convenceram, como veremos ao longo destas linhas introdutórias. A carta de Evaristo de Morais deixa bem claros os motivos, de ética profissional, que o levaram a consultar Rui Barbosa, seu chefe político, se devia ou não aceitar o patrocínio da causa, diante de algumas opiniões contrárias de correligionários de ambos.

2. Para desapontamento de muitos de nossos leitores, não será aqui relatada a parte propriamente criminal, que deu ensejo à consulta de Evaristo e à resposta de Rui. Assim, seguiremos os próprios termos das duas peças que se irão ler. Nenhuma delas se fixa ou demora nos fatos delituosos, deles referindo o mínimo necessário ao tema central, que é de deontologia profissional. E o poderíamos fazer amplamente, pois até de documentos íntimos, mantidos por Evaristo, ainda dispomos em nosso poder. De resto, à época, tais cartas foram publicadas tanto pela defesa como pela acusação, procurando cada qual dar ao texto a interpretação que mais lhe favorecesse.[1]

---

[1] Para quem se interessar pelos aspectos factuais do delito e pelos argumentos da acusação e da defesa, além da imprensa da época, pode consultar as seguintes fontes de informação, que serão por nós utilizadas neste prefácio: Evaristo de Morais, *Reminiscências de um Rábula Criminalista*, Rio de Janeiro, 1922, p. 241-258; Evaristo de Morais, *O Processo Mendes Tavares*, Rio de Janeiro, 1912; Esmeraldino Bandeira, *O Processo Mendes Tavares* (Discurso de acusação), Rio de Janeiro, 1912.

O motivo do crime foi passional, nele envolvidos, como vítima, o Capitão-de-Fragata Luís Lopes da Cruz, comandante do Cruzador da Armada Nacional, o **Tiradentes**, que regressava de uma missão na República do Paraguai, e, como principal acusado, o médico e intendente municipal, Dr. José Mendes Tavares, tido como mandante do crime praticado por Quincas Bombeiro e João da Estiva. A esposa do primeiro havia voluntariamente abandonado o lar do casal, negando-se a ele voltar a despeito das numerosas cartas que o marido lhe endereçara, até com promessa de perdão e esquecimento. Endereçara carta também ao acusado, ameaçando-o de morte e o desafiando para um duelo até à morte. Estavam as coisas neste pé, num clima de tensão e emocionalmente exaltadas, quando se deu o crime. A opinião pública, levada pelo noticiário da imprensa, que simplesmente relatava os últimos fatos, ficara do lado da vítima, abandonando Mendes Tavares à própria sorte, tido como o pivô da tragédia, sem o apoio dos correligionários da véspera, adeptos da candidatura militar de Hermes da Fonseca. Evaristo de Morais foi advogado somente de Mendes Tavares, ficando a defesa dos outros acusados por conta do Dr. Seabra Júnior, condenados a longos anos de cadeia, vindo um deles a falecer na penitenciária onde cumpria a pena. Evaristo lograra a absolvição de seu constituinte em três júris sucessivos, conseguindo desvinculá-lo da acusação de mandante ou de participante no crime.

Como Presidente do Júri funcionou o Dr. José Jaime de Miranda, sendo o Dr. Edmundo de Oliveira Figueiredo o Promotor Público. Como auxiliares da acusação encontravam-se os Drs. Esmeraldino Bandeira, famoso criminalista e homem público, e Luís Franco. Na defesa alinharam-se os Drs. Evaristo de Morais e Flores da Cunha.

Como o declara na carta, antigo colega no Mosteiro de S. Bento de Mendes Tavares, já às 16 horas do dia do crime fora Evaristo apanhado em casa, onde se encontrava doente, para assistir ao depoimento do médico no 5º Distrito Policial, na Rua Senador Dantas, ao qual se apresentara espontaneamente em companhia do Major Zoroastro, seu colega no Conselho Municipal.

3. Aqui abandonamos a linha descritiva das ocorrências dos fatos que cercaram o crime propriamente dito, para enveredarmos pelos motivos e antecedentes da consulta de Evaristo a Rui. Ninguém melhor do que o primeiro para os expor, num retrato fiel do crescendo de perplexidade que o levou a dirigir-se ao seu chefe político.

Foi o caso que aqui vou rememorando aquele em que vi a minha humilde advocacia mais objetada, mais denegrida, quase se me recusando o **direito de defender**.

Surgiram as primeiras objeções do lado político. Fora Tavares o mais esforçado dos sustentadores da candidatura Hermes, militando sob as ordens de Pinheiro Machado. Eu, como é notório, me empenhara na campanha civilista, ao lado de Rui Barbosa. Daí tiraram dois bons correligionários meus, e dos mais graduados do Civilismo, a conclusão de que me não era lícito defender **"aquele patife, que tanto mal nos fizera no Engenho-Velho e no Andaraí Grande"**.

Retorqui-lhes com a amizade do tempo do colégio e com a inabalável confiança do acusado; mas, francamente, fiquei um tanto indeciso.

Por outro lado, o jornal em que eu vinha colaborando, desde havia uns oito anos, o *Correio da Manhã*, abrira seu rodapé da primeira página a uma crônica forense em que se sustentava a doutrina da **indefensibilidade** de certas causas criminais, epitetando-se de amoral a respectiva advocacia. Entendi dever retirar a minha colaboração do *Correio*, não obstante atenciosas observações do Dr. Leão Veloso, que dirigia o jornal, na ausência do Dr. Edmundo Bittencourt.

E, para descanso da minha consciência, dirigi um apelo a Rui Barbosa, como chefe do Civilismo e como mestre da profissão. Tardou a resposta, que recebi datada de 26 de outubro, verdadeiro e incomparável presente de aniversário. Foi publicada no *Diário de Notícias* de 3 de novembro, sob o título **O Dever do Advogado**. Constitui uma lição de ética profissional, tão eloqüente como irretorquível.

Impressionado com as apreciações tendenciosas dos jornais, não conhecendo os elementos da defesa, se afigurava a Rui que a causa era difícil, mas não hesitava em me aconselhar que prosseguisse no seu patrocínio, sem embargo de quaisquer considerações de antagonismo político.[2]

---

[2] Evaristo de Morais, *Reminiscências*..., cit., p. 244-246. A data da carta de Rui coincidiu com o aniversário de seu destinatário, nascido a 26

A campanha contra Mendes Tavares fora terrível, chegando-se a anunciar que ele havia sido assassinado na Brigada Policial, em cujo Estado-Maior se encontrava preso. Certo jornal encarava até a sua morte como **justificada**. Apesar de uma ou outra atitude particular de algum oficial, inclusive com ameaça ao advogado do principal acusado, escreve Evaristo de Morais que tal ameaça "não representava, a seus (meus) olhos, a gloriosa Marinha Nacional, cuja ação coletiva — cumpre reconhecer — foi, no caso, a mais discreta possível".

4. No caso especial da consulta, convém repetir, além do aspecto aparentemente repugnante do crime, praticado por dois conhecidos elementos de baixa reputação, destacava-se o seu caráter político-partidário. A campanha civilista de Rui no ano de 1910, como candidato à Presidência da República, fora um divisor de águas, já que do outro lado se colocava o Marechal Hermes da Fonseca, sobrinho de Deodoro, tendo Pinheiro Machado como seu principal cabo político. Além da luta civil-militar, como passou à história, dava-se também o conflito entre a mentalidade liberal e a mentalidade positivista representada pelo Senador do Rio Grande do Sul. Hoje, a distância, pouco se pode medir realmente o que significou a campanha civilista na tentativa de republicanizar a República, de estabelecer uma autêntica representação política dos Estados, do povo e das minorias sufocadas pelo poder central.

Não vamos adotar um maniqueísmo primário e ingênuo, vendo o arcanjo de um lado e o demônio do outro, mas a verdade é que a juventude das escolas deixou-se tomar pelo entusiasmo da mensagem de Rui e cerrou fileira a seu lado. Na ausência de rádio e televisão a campanha era feita pela imprensa, pelos comícios na praça pública, deslocando-se Rui para os Estados mais próximos da Capital Federal, a todos empolgando com a sua palavra e com a sua

---

outubro de 1871. Completava Evaristo 40 anos de idade quando a recebeu. De fato, não lhe poderia ter sido dado melhor presente.

Amigo pessoal de Edmundo Bittencourt, de quem também veio a ser advogado, Evaristo escrevia no *Correio* praticamente desde a sua fundação em 1901. Da reunião de seus artigos, de 1903 e 1904, originou-se o livro *Apontamentos de Direito Operário*, Rio de Janeiro, 2. ed., 1905; São Paulo, 1971.

mensagem. Com 16 anos de idade, ao tempo, assim a descreve Alceu Amoroso Lima em suas *Memórias Improvisadas*:

> As campanhas de Rui Barbosa despertaram em nós o pouco de nossa vocação política. A chamada campanha civilista ficou marcada em meu espírito. Mas a derrota que a ela se seguiu, com a vitória do militarismo realista daquele tempo, deixou-nos profundamente decepcionados.

Adiante, contrastando Rui com Pinheiro:

> De um lado a concepção de uma sociedade burguesa e liberal, e, do outro, o caudilhismo, defensor dos senhores da terra, dos grandes proprietários rurais, da autocracia, do realismo mais direto e interesseiro.[3]

Pela veemência da luta entre os partidários de Rui e os de Hermes, com a surpreendente vitória eleitoral do candidato da situação, cuja inelegibilidade — como diz Evaristo em sua consulta — ele foi dos primeiros a proclamar, bem se compreende os ressaibos que deixou. E nem bem havia ainda a facção derrotada assimilado a derrota, quando um protagonista, que "militou com honras e galões na campanha do hermismo contra a ordem civil", precisa dos serviços profissionais do adversário da véspera, "a quem tão bons serviços devia o civilismo". São palavras do próprio Rui.

Evaristo havia participado ativamente da campanha, com artigos pela imprensa e com a palavra nos comícios públicos. Viajara com Rui para Minas, gozando da sua intimidade, vendo aumentar nessa

---

[3] Alceu Amoroso Lima, *Memórias Improvisadas*, Petrópolis, 1973, p. 54 e 80.

Em "Política e Letras", *À Margem da História da República*, Rio de Janeiro, 1924, p. 255-258, traça Alceu um arguto perfil comparativo das "duas figuras que no futuro hão de provavelmente encarnar melhor que quaisquer outras esses trinta anos de República: Rui Barbosa e Pinheiro Machado". Na tragédia de 1911, Evaristo e Tavares representariam ao vivo, dramaticamente, a interseção dessas duas figuras. Daí a perplexidade em que se encontrou o patrono do principal acusado.

convivência a profunda admiração que tinha pelo Conselheiro. O que mais o surpreendera, no entanto, foi o apetite de Rui, homem de muita energia num corpo aparentemente frágil. Segundo relato seu, sempre que se referia a essa viagem grande era o espanto que o possuía por ver Rui, de físico minguado, conseguir espaço para as duas suculentas porções de tutu à mineira de que costumava se servir.

Há um trecho de Luis Viana Filho que dá bem a imagem viva do que se constituiu a campanha civilista, destacando o entusiasmo que causou, os nomes de alguns seguidores de Rui e, sobretudo, o divisionismo ideológico que marcou na sociedade brasileira:

> Seria impossível descrever o entusiasmo com que o país acorreu ao toque de rebate. De todas as partes, mesmo das mais longínquas, chegavam expressivas demonstrações de solidariedade ao candidato civil. Era contagioso. Os partidários do Marechal, salvo os militares e os políticos, sentiam-se acabrunhados e era furtivamente, como se praticassem alguma ação má, que manifestavam as suas opiniões: "Todo o país, dividido como numa guerra civil", notou um contemporâneo, "vibrava de entusiasmos ardentes e de ódios ferozes".
>
> Depressa, Rui viu-se cercado duma plêiade brilhante de discípulos, quase todos jovens políticos, talentosos, e que preferiam o *beau-geste* à certeza da vitória. Abriam assim, à sombra do Mestre, o caminho para a notoriedade. Pedro Moacir, João Mangabeira, Cincinato Braga, Evaristo de Morais, Galeão Carvalhal e Antunes Maciel seriam alguns dos cireneus dispostos a auxiliarem-no a carregar a cruz.[4]

Aí está, com grifos nossos, a que extremos de sentimentos chegou a chamada campanha civilista, elevada à altura de verdadeira

---

[4] Luís Viana Filho, *A Vida de Rui Barbosa*, 8. ed., Rio de Janeiro, 1977, p. 323. Sobre o assunto, recente: Américo Jacobina Lacombe, *À Sombra de Rui Barbosa*, FCRB, Rio de Janeiro, 1984, p. 48-53; *Bibliografia sobre a Campanha Civilista*, FCRB, Rio de Janeiro, 1981, com introdução de Francisco de Assis Barbosa.

cruzada. Não estamos emitindo um juízo de valor, mas somente atestando uma realidade factual, segundo os dados da história. Basta dizer que o capítulo seguinte das *Reminiscências* leva o seguinte título: "Reflexos da luta entre o hermismo e o civilismo — Um julgamento tumultuoso em Minas". O crime dera-se em Rio Branco, no Estado de Minas, morto o Dr. Carlos Soares de Moura pelo Solicitador Silvino Viana, defendido a princípio por Carlos Peixoto, que viajara para a Europa. O próprio Rui solicitara de Evaristo que aceitasse a defesa do correligionário no foro daquela cidade, e nela quase morreu.

Vale recordar, à margem do tema principal, que a Revolução de 30 se fez ainda sob a bandeira do liberalismo civilista de Rui, com o lema **Representação e justiça** da Aliança Liberal. Em manifesto de 1929, Color invocava a Campanha Civilista, e Getúlio Vargas a ela também se refere em discurso de 3 de outubro de 1931, mas a formação de ambos era castilhista. Vitoriosa a revolução, logo desaparece o liberalismo do programa inicial e vence o espírito autoritário de Pinheiro Machado. Era mais uma interseção tardia de civilismo e hermismo, desta vez, no plano político.[5]

5. Recebida a carta de Evaristo a 20 de outubro, apesar de datada de 18, não se furta Rui em respondê-la, e o faz no espaço de uma semana. Já a 26 é recebida a resposta, tanto mais meritório quanto lhe seria fácil exculpar-se por motivos de doença ou de falta de tempo. Acudiu, a despeito de se tratar de um adversário da véspera, adversário de prestígio eleitoral e de inegável talento político, colocados ambos a serviço de Hermes da Fonseca. Consulta seu foro íntimo e, indiferente a aplausos ou a censuras, opina com a maior isenção, segundo a melhor doutrina e a sua própria experiência pessoal, na qual se encontram antecedentes de grande notoriedade, participando ele na defesa de desafetos políticos. Numerosos são os exemplos ao longo de sua vida. Já alguns anos antes havia dito a este propósito: "Nunca vi oprimidos os meus adversários, que me não inclinasse para eles".[6]

---

[5] *A Revolução de 30* — Textos e documentos. Editora Universidade de Brasília, t. I, 1982, p. 220; Getúlio Vargas, *A Nova Política do Brasil*, vol. I, Rio de Janeiro, 1938, p. 155.

[6] Luís Viana Filho, "Rui, Defensor dos Adversários", *in Fórum*, Revista

Três parágrafos da resposta de Rui lhe resumem com perfeição a doutrina, desde então sempre repetida entre nós e tornada verdadeiro dogma da deontologia profissional do advogado. Ei-los:

> Ora, quando quer e como quer que se cometa um atentado, a ordem legal se manifesta necessariamente por duas exigências, a acusação e a defesa, das quais a segunda, por mais execrando que seja o delito, não é menos especial à satisfação da moralidade pública do que a primeira. A defesa não quer o panegírico da culpa, ou do culpado. Sua função consiste em ser, ao lado do acusado, inocente ou criminoso, a voz dos seus direitos legais.
>
> Se a enormidade da infração reveste caracteres tais que o sentimento geral recue horrorizado, ou se levante contra ela em violenta revolta, nem por isto essa voz deve emudecer. Voz do Direito no meio da paixão pública, tão suscetível de se demasiar, às vezes pela própria exaltação da sua nobreza, tem a missão sagrada, nesses casos, de não consentir que a indignação degenere em ferocidade e a expiação jurídica em extermínio cruel.
>
> ....
>
> Recuar ante a objeção de que o acusado é "indigno de defesa" era o que não poderia fazer o meu douto colega, sem ignorar as leis do seu ofício, ou traí-las. Tratando-se de um acusado em matéria criminal, não há causa em absoluto indigna de defesa. Ainda quando o crime seja de todos o mais nefando, resta verificar a prova; e ainda quando a prova inicial seja decisiva, falta, não só apurá-la no cadinho dos debates judiciais, senão também vigiar pela regularidade estrita do processo nas suas mínimas formas. Cada uma delas constitui uma garantia, maior ou menor, da liquidação da verdade, cujo interesse em todas se deve acatar rigorosamente.

---

do Instituto dos Advogados da Bahia, 1973, p. 235-240.

Tudo mais que se contém no escrito de Rui — exemplos históricos, citações doutrinárias, argumentos de autoridade — nada acrescenta de qualitativamente novo às suas palavras aqui transcritas. A tese está exposta com clareza e convicção, embora, como se depreende de diversas passagens, estivesse ele convencido da culpabilidade do acusado, da hediondez do seu crime e praticamente da sua condenação. Havia uma semana que a tragédia ocorrera, quando lhe chegou a consulta, e Rui — com justificável antipatia pelo réu — somente conhecia os fatos que vinham narrados pela imprensa. Todas essas circunstâncias, sem dúvida, ainda mais engrandecem o desprendimento e a elevação moral de Rui, que mais uma vez saía em socorro de um desafeiçoado seu.

As últimas palavras de Rui, no entanto, apesar da sua tese humanitária, como que constituíam um prejulgamento do acusado. Valem repetidas, para que se tenha bem presente na continuidade do raciocínio a dureza de sua opinião:

> Há de lhe ser árdua a tarefa. Não vejo na face do crime, cujo autor vai defender, um traço que destoe da sua repugnante expressão, que lhe desbaste o tipo da refinada maldade.
>
> Fala-me em elementos de que está de posse, os quais "muito diminuem, senão excluem, sua responsabilidade". Queira Deus que se não iluda. Essa responsabilidade se acentua, no conjunto das provas conhecidas, com uma evidência e uma proeminência que se me afiguram insuscetíveis de atenuação.
>
> Nem por isso, todavia, a assistência do advogado, na espécie, é de menos necessidade, ou o seu papel menos nobre.

Ora, convenhamos, se por um lado socorria-se Evaristo com a autoridade do seu chefe político para partir em defesa de um ferrenho adversário da véspera, por outro, fora da tese abstrata, colocava-se a mesma autoridade de todo contra o seu cliente no caso concreto. O escrito, porém, constituía um todo inteiriço, inextricável, e assim mesmo Evaristo o fez publicar — quando poderia guardá-lo para si, para tranqüilidade da sua consciência — no *Diário de Notícias* de 3 de novembro, uma semana após tê-lo recebido. Tirada em folheto, foi "a carta doutrinadora" — como a denomina Evaristo — distribuída aos milhares, mas já agora acrescida de "respeitosas observações, em que mostrava o equívoco em que laborou o Mestre, supondo **provada** a responsabilidade de Tavares".[7]

O inesperado da tese de Rui, nas circunstâncias, reboou como um tiro na opinião pública, na imprensa e na própria doutrina jurídica nacional. No mesmo ano, o Prof. Cândido de Oliveira Filho a ela se referiu, transcrevendo-a em parte, em seu compêndio de prática forense, em acréscimo da sua afirmação:

> Proíbe-se aos advogados: II) Sustentar e defender causas notoriamente injustas — o que se entende somente das causas cíveis e não a respeito das criminais.[8]

Dez anos mais tarde, diante da grande procura do folheto que havia sido publicado por Evaristo, foi ele novamente editado pelo Instituto Bibliográfico Brasileiro, com o seguinte prefácio:

> O Instituto Bibliográfico Brasileiro, que tem como Diretor-Gerente o mais antigo bibliófilo brasileiro, enceta a reimpressão de monografias brasílicas esgotadas, com a carta do abalizado jurisconsulto e máxima mentalidade brasileira (senão universal), Senador Rui Barbosa, sobre **O Dever do Advogado**, na qual, respondendo ao advogado Dr. Evaristo de Morais, salienta as doutrinas e pensamentos nos casos de consciência jurídica.

A nota, sem dúvida, é muito mal redigida, mas nela há a destacar a consagração do mito em torno do nome de Rui, a caminho dos 71 anos de idade e a dois de sua morte. Sempre foi dos hábitos dos brasileiros a exclamação basbaque diante da inteligência e da erudição, como que andando cada qual com um aparelho medidor de QI, a traçar a escala de talentos nacionais. Somente agora, nos últimos anos, numa sociedade mais crítica e menos conformista, é

---

[7] Evaristo de Morais, *Reminiscências...*, cit., p. 246.

[8] Cândido L. M. de Oliveira Filho, *Curso de Prática do Processo*, Rio de Janeiro, 1911/12, p. 211.

que se vai desfazendo essa atitude de permanente admiração por alguns pró-homens. Os próprios termos da carta de Evaristo e do título das suas observações dão bem uma idéia da reverência intelectual que se devia a Rui, quase incompreensível para as gerações que não lhe chegaram a sentir a influência pessoal e direta. Não raro via seu nome acompanhado de **genial**, e ninguém o igualou até hoje entre nós nessa admiração e respeito, quer entre amigos, quer entre adversários. Sua fama tornou-se um mito, como que enchendo o Brasil de orgulho por ser ele brasileiro.[9]

6. Convém notar, entretanto, que, à época, Evaristo ainda não se havia formado em curso superior, era rábula como ele próprio se autodenomina nas suas *Reminiscências*. Diplomou-se somente aos 45 anos de idade, em 1916, pela Faculdade de Direito de Niterói, apelidada de **Teixeirinha** (Faculdade Teixeira de Freitas), formando-se "bacharel como **toda gente**". O ponto central do seu discurso de formatura foi exatamente o tema da carta de 1911, terminando, como não poderia deixar de ser, por citar a opinião de Rui a ele endereçada. Bastam alguns pequenos trechos, significativos:

> A alguns dos novos advogados deve, já, ter ocorrido, em sua perturbadora perplexidade, aquilo que o profundo Picard chamou "o paradoxo do advogado"; quero dizer, deve-lhes ter sucedido refletir no suposto absurdo de poder um homem se conservar honesto e digno, **embora defendendo causas más e grandes criminosos...**
>
> Quanto às causas qualificadas más, de natureza civil, não me abalanço a discutir, aqui, o grave ponto, remetendo os colegas para a aludida obrinha de Picard, na qual, se me afigura, o problema é resolvido. Muito me apraz, porém (e, decerto, toda gente compreenderá porque), comunicar-lhes, perante tão honroso auditório, o meu sentir e o meu pensar acerca da defesa dos criminosos, sejam grandes ou pequenos, tenham por si ou contra si a formidável opinião pública.

---

9 Para a medida dessa admiração, mas também para as calúnias de que foi vítima, veja-se, de Américo Jacobina Lacombe, "Rui — o Homem e o Mito", *in À Sombra...*, cit., p. 157-173.

> Em princípio, a defesa é de direito para todos os acusados, não havendo crime, por mais hediondo, cujo julgamento não deva ser assistido da palavra acalmadora, ou retificadora, ou consoladora, ou atenuadora, do advogado.

Após duas páginas e meia sobre a arbitrariedade da ausência de advogado, mormente durante a Revolução Francesa, cuja lei não concedia defensores aos conspiradores, volta aos dias e à sua experiência de advogado criminal, aconselhando seus colegas:

> Tomai cuidado com os impulsos do vosso brio profissional, com o impetuoso cumprimento do vosso dever, nesses casos de prevenção coletiva: se seguirdes tais impulsos, tereis de suportar desde os insultos mais soezes até a manhosa dissimulação das vossas razões e dos vossos argumentos de defesa. Por pouco vos dirão que tivestes parte na premeditação do crime e que, ao defendê-lo, só buscais o lucro pecuniário, o prêmio ajustado da vossa cumplicidade na urdidura do plano criminoso.
>
> Mas, se um dia tiverdes de vos defrontar com esta situação — de um lado o infeliz que exora, súplice, o vosso patrocínio, de outro, a matilha que anseia para o despedaçar sem processo —, recordai-vos das sentenciosas palavras desse que não tem igual no seio da nossa classe, desse que é por todos os mestres reputado, mestre cujo nome fora supérfluo citar, de novo. Recebi-as eu, como lição suprema e definitiva, em um dos mais angustiosos transes da minha carreira forense.[10]

A página seguinte é toda ela transcrição de longos trechos da carta de Rui, valendo destacar um trecho que não foi por nós referido neste prefácio:

> O furor dos partidos tem posto muitas vezes os seus adversários fora da lei. Mas, perante a humanidade, perante

---

[10] Evaristo de Morais, *Reminiscências...*, cit., p. 290-291, 293.

o cristianismo, perante o direito dos povos civilizados, perante as normas fundamentais do nosso regímen, ninguém, por mais bárbaros que sejam os seus atos, decai do abrigo da legalidade. Todos se acham sob a proteção das leis, que, para os acusados, assenta na faculdade absoluta de combaterem a acusação, articularem a defesa e exigirem a fidelidade à ordem processual. Esta incumbência, a tradição jurídica das mais antigas civilizações a reservou sempre ao ministério do advogado. A este, pois, releva honrá-lo, não só arrebatando à perseguição os inocentes, mas reivindicando, no julgamento dos criminosos, a lealdade às garantias legais, a eqüidade, a imparcialidade, a humanidade.

7. Os ensinamentos de Rui constam hoje, pacíficos e tranqüilos, do Código de Ética Profissional, do Estatuto da Ordem dos Advogados do Brasil (Lei nº 4.215, de 27 de abril de 1963), em seu artigo 87, XII:

> São deveres do advogado:
>
> XII — recusar o patrocínio de causa que considere imoral ou ilícita, salvo a defesa em processo criminal.[11]

Com a mesma clareza e convicção, voltava Rui ao tema na célebre *Oração aos Moços*, ao final do discurso de paraninfado lido na Faculdade de Direito de São Paulo pelo Prof. Reinaldo Porchat, a 29 de março de 1921. Entre os mandamentos do advogado, mereceram destaque:

> Não colaborar em perseguições ou atentados, nem pleitear pela iniqüidade ou imoralidade. Não se subtrair à defesa das causas impopulares, nem à das perigosas, quando justas. Onde for apurável um grão, que seja, de

---

[11] Nehemias Gueiros, *A Advocacia e o seu Estatuto*, Rio de Janeiro/São Paulo, 1964, p. 31-32; Rui A. Sodré, *A Ética Profissional e o Estatuto do Advogado*, 2. ed., São Paulo, 1977, p. 190-191, 639.

Cf. também: J. des Cressonnières, *Entretiens sur la Profession d'Avocat et les Règles Professionnelles*, Bruxelas, 1925, p. 28.

verdadeiro direito, não regatear ao atribulado o consolo do amparo judicial.[12]

8. Foi exatamente em assim procedendo — apurando o grão que lhe restava do verdadeiro direito, não regateando a Mendes Tavares o consolo do amparo judicial — que Evaristo obteve a absolvição do réu em três julgamentos sucessivos pelo Tribunal do Júri. Foi exatamente fazendo verificar a prova, apurando-a no cadinho dos debates judiciais, vigiando a regularidade estrita do processo nas mínimas formas, que Evaristo chegou à liquidação da verdade, conseguindo que passasse em julgado a decisão absolutória do seu cliente. Fizeram-se procedentes e acatadas rigorosamente as respeitosas observações feitas ao Mestre.

Esmeraldino Bandeira fora veemente, rude, não poupando o réu de uma acusação cerrada, concluindo por pedir a sua condenação, nestes termos dramáticos:

> O país em que um crime como este ficasse impune ou fosse perdoado seria um país em via de dissolução por lhe faltarem as duas qualidades básicas de toda organização social — a moralidade e a justiça.
>
> A absolvição do réu presente importaria na condenação de sua vítima e, certo, Srs. Jurados, não iríeis e não ireis adicionar à morte do corpo de Lopes da Cruz o homicídio de sua alma.
>
> Em nome da lei, pois, fazei justiça, condenando José Mendes Tavares.[13]

Tão grande era o prestígio popular de Mendes Tavares que, quando preso da primeira vez, antes do primeiro julgamento, conseguira ganhar uma eleição. Depois de exaustiva prova documental, exames periciais, testemunhos a favor do réu do General Bento Ribeiro (Prefeito da Capital), do Dr. Osório de Almeida e da própria Superiora do Colégio Sion, de Petrópolis, obteve Evaristo

[12] Rui Barbosa, *Oração aos Moços*, edição comemorativa do centenário de nascimento do grande brasileiro, São Paulo, 1949, p. 35.

[13] Esmeraldino Bandeira, *O Processo Mendes Tavares*, cit., p. 70.

que ficasse proclamada "a nenhuma responsabilidade criminal do acusado".

Ao fim da terceira absolvição, parte da imprensa censurou o veredito, chegando algumas pessoas, como acontece sempre nestes casos, a sugerir a supressão do júri, como aconteceu com o Dr. Pires e Albuquerque, juiz seccional. A isto respondeu Alcindo Guanabara com um longo artigo em *O País*, de 28 de julho de 1916, sob o título de **A Supressão do Júri**. Tendo assistido a todo o julgamento, depois de elogiar muito a figura do patrono do principal acusado, conclui Alcindo:

> O júri absolveu o Sr. Mendes Tavares. Não era um júri composto de cafajestes, nem de desclassificados sociais; compunham-no sete cidadãos conspícuos, que leram o processo, que ouviram a esmagadora defesa proferida pelo Sr. Evaristo de Morais, e que julgaram em consciência. Eu também o absolveria. O Sr. Dr. Pires e Albuquerque, juiz íntegro e modelo, se conhecesse o processo, também o absolveria. Não é por essa sentença que devemos retrogradar até à supressão do júri.

A instituição do júri — diga-se de passagem — foi mantida pela Constituição republicana de 1891, da qual foi Rui um dos principais artífices. Defendeu-a em comentários ao texto constitucional e em mais de uma oportunidade. Em vez de suprimi-la, dizia Rui, convém aperfeiçoá-la:

> Precisamos melhorar a composição do júri, como melhorar a do eleitorado, atuando-lhe sobre a qualificação, filtrando-o, decantando-lhe as impurezas. Aliás, ainda com estas, as argüições fundadas contra o júri não são maiores entre nós do que as queixas merecidas contra a magistratura togada [...] Quando o tribunal popular cair, é a parede mestra da justiça que ruirá.[14]

[14] Roberto Lyra, *A Obra de Rui Barbosa em Criminologia e Direito Criminal*, Rio de Janeiro, 1949, p. 161-166.

9. O que importa fixar, no entanto, colocando o último parágrafo neste prefácio, que já se faz longo, é a significação e a importância da carta de Rui Barbosa na história do Direito Criminal brasileiro. Com a sua autoridade, impôs a sua doutrina a todos desde logo como verdadeiro truísmo jurídico — repetida, citada, até referida sem haver sido lida, por ouvir dizer.[15] Feliz foi Evaristo de Morais ao consultá-lo, embora declarasse que seguiria à risca o seu veredito, que lhe poderia ser contrário. Associou para sempre o seu nome ao do seu grande ídolo, seu herói desde a mocidade, quando, ainda rapazinho, se alinhou entre os que combatiam a escravidão e a monarquia. Mais tarde participou da campanha civilista, voltando a associar-se a Rui na campanha presidencial de 1919, sentando-se ao lado do candidato na conferência, sobre a questão social e política, de 20 de março daquele ano, para cuja elaboração muito colaborou, como o comprovam os documentos deixados, muito honestamente, pelo próprio morador da Rua S. Clemente em seus arquivos.

O Dever do Advogado, apesar de pequeno em suas dimensões, constitui um clássico na matéria de ética profissional entre nós, merecendo por isso, e sempre, novas reedições para conhecimento dos que ainda não tiveram a grata oportunidade de lê-lo.

Rio de Janeiro, 9 de fevereiro de 1985.

---

[15] Roberto Lyra a transcreve na íntegra, na obra citada na nota anterior, p. 191-201. Para Leib Soibelman, *Enciclopédia do Advogado*, 4. ed., Rio de Janeiro, 1983, p. 354, verbete Todo acusado tem o direito de defesa, "Rui Barbosa, na sua inexcedível carta conhecida como 'Dever do Advogado', esgotou o assunto".

Curiosa ironia da história: adversários ferrenhos de 1910, Mendes Tavares e Evaristo de Morais acabaram por ser correligionários sob a bandeira da Aliança Liberal e os dois foram os representantes do Distrito Federal na sessão comemorativa da vitória da Revolução, realizada em princípios de 1931, no Teatro Lírico, no Rio de Janeiro.

7. O que importa fixar neste momento, [illegible] que já se faz [illegible] a significação e a importância da carta de Rui [illegible] Evaristo de Moraes [illegible] Barbosa [illegible] como verdadeiro [illegible] — [illegible] por Evaristo de Moraes ao [illegible] que se [illegible] eu para sempre o seu nome [illegible] grande [illegible] e os [illegible] [illegible] que [illegible]

[illegible] a questão [illegible] de Rui [illegible] para cuja elaboração muito colaborou [illegible] documentos [illegible] pelo próprio [illegible] de Rui [illegible] Clemente [illegible] arquivo.

8. O *Dever do Advogado*, apesar de pequeno em suas dimensões, constitui um clássico na matéria de ética profissional, [illegible] merecendo [illegible] novas reedições para conhecimento de [illegible] a grata oportunidade de lê-lo.

Rio de Janeiro, [illegible] de fevereiro de 1985

[illegible] Rui Barbosa [illegible] na [illegible] p. 191 [illegible] *O Dever do Advogado* [illegible] Rio de Janeiro, 1985 [illegible] o direito de defesa [illegible] Rui Barbosa [illegible] *Dever do Advogado* [illegible]

[illegible] de 1910 [illegible] Evaristo de Moraes [illegible] correligionário [illegible] Partido [illegible] princípios de 1911 [illegible] no Rio de Janeiro.

O Dever do Advogado

Carta a Evaristo de Morais

Consulta de

EVARISTO DE MORAIS

Venerando mestre e preclaro chefe.

Para solução de um verdadeiro caso de consciência, solicito vossa **palavra de ordem**, que à risca cumprirei. Deveis ter, como toda a gente, notícia, mais ou menos completa, do lamentável crime de que é acusado o Dr. Mendes Tavares. Sabeis que esse moço é filiado a um agrupamento partidário que apoiou a desastrada candidatura do Marechal Hermes, cuja inelegibilidade fui dos primeiros a proclamar. Sabeis outrossim que, ardente admirador da vossa extraordinária mentalidade e entusiasmado pela lição de civismo que destes em face da imposição militarista, pus-me decididamente ao serviço da vossa candidatura.

Dada a suposta eleição do vosso antagonista, tenho até hoje mantido e pretendo manter seguramente as mesmas idéias. Ocorreu, todavia, o triste caso a que aludi.

O acusado Dr. José Mendes Tavares foi meu companheiro durante quatro anos, nos bancos escolares. Não obstante o afastamento político, sempre tivemos relação de amistosa camaradagem. Preso, angustiado, sem socorro imediato de amigos do seu grupo, apelou para mim, solicitando meus serviços profissionais.

Relutei, no princípio; aconselhei-o, desde logo, que chamasse outro patrono, parecendo-me estar naturalmente indicado um profissional bem conhecido, hoje deputado federal, que supus muito amigo do preso. Essa pessoa por mim apontada escusou-se à causa.

A opinião pública, diante de certas circunstâncias do fato, alarmou-se estranhamente, chegando-se a considerar o acusado **indigno de defesa**! Não me parece que se deva dar foros de justiça a essa ferocíssima manifestação dos sentimentos excitados da ocasião. O acusado insiste pela prestação dos meus humildes serviços. Eu estou de posse de elementos que em muito diminuem, senão excluem, sua responsabilidade no caso. Recorro respeitosamente à vossa alta autoridade e vos instituo, com grandíssima e justificada confiança, juiz do meu proceder: devo, por ser o acusado nosso adversário, desistir da defesa iniciada?

Prosseguindo nela, sem a menor quebra dos laços que me prendem à bandeira do civilismo, cometo uma incorreção partidária?

Espero de vossa generosidade resposta pronta e que sirva como sentença inapelável para acalmação de minha consciência.

Venerador e respeitador.

Evaristo de Morais

Carta de

RUI BARBOSA

Rio, Vila Maria Augusta, 26 de outubro de 1911.

Dr. Evaristo de Morais:

Só agora posso acudir à sua carta de 18 do corrente, que me chegou às mãos dois dias depois.

Recusando-me ao apelo, que a sua consciência dirige à minha, cometeria eu um ato de fraqueza, que não se concilia com a minha maneira de sentir. Quando se me impõe a solução de um caso jurídico ou moral, não me detenho em sondar a direção das correntes que me cercam: volto-me para dentro de mim mesmo, e dou livremente a minha opinião, agrade ou desagrade a minorias ou a maiorias.

Na hipótese, tanto mais sem liberdade me acharia para me furtar à consulta que me endereça, quanto ela está resolvida por antecedências de grande notoriedade na minha vida.

Tendo assumido o patrocínio da causa do principal acusado do crime da Avenida, cujo protagonista militou com honras e galões na campanha do hermismo contra a ordem civil, vê-se o meu prezado colega, a quem tão bons serviços deve o civilismo, diante das censuras que por isso lhe irrogam, em presença destas questões que formula e me dirige:

> Devo, **por ser o acusado nosso adversário**, desistir da defesa iniciada?

Prosseguindo nela, sem a menor quebra dos laços que me prendam à bandeira do civilismo, cometo uma incorreção partidária?

O meu senso íntimo não hesita na resposta.

Os partidos transpõem a órbita da sua legítima ação toda vez que invadem a esfera da consciência profissional e pretendem contrariar a expressão do Direito. Ante essa tragédia, por tantos lados abominável, de que foi vítima o Comandante Lopes da Cruz, o único interesse do civilismo, a única exigência do seu programa é que se observem rigorosamente as condições da justiça. Civilismo quer dizer ordem civil, ordem jurídica, a saber: governo da lei, contraposto ao governo do arbítrio, ao governo da força, ao governo da espada. A espada enche hoje a política do Brasil. De instrumento de obediência e ordem, que as nossas instituições constitucionais a fizeram, coroou-se em rainha e soberana. Soberana das leis. Rainha da anarquia. Pugnando, pois, contra elas, o civilismo pugna pelo restabelecimento da nossa Constituição, pela restauração da nossa legalidade.

Ora, quando quer e como quer que se cometa um atentado, a ordem legal se manifesta necessariamente por duas exigências: a acusação e a defesa, das quais a segunda, por mais execrando que seja o delito, não é menos especial à satisfação da moralidade pública do que a primeira. A defesa não quer o panegírico da culpa, ou do culpado. Sua função consiste em ser, ao lado do acusado, inocente ou criminoso, a voz dos seus direitos legais.

Se a enormidade da infração reveste caracteres tais que o sentimento geral recue horrorizado, ou se levante contra ela em violenta revolta, nem por isso essa voz deve emudecer. Voz do Direito no meio da paixão pública, tão suscetível de se demasiar, às vezes pela própria exaltação da sua nobreza, tem a missão sagrada, nesses casos, de não consentir que a indignação degenere em ferocidade e a expiação jurídica em extermínio cruel.

O furor dos partidos tem posto muitas vezes os seus adversários **fora da lei**. Mas, perante a humanidade, perante o cristianismo, perante os direitos dos povos civilizados, perante as normas fundamentais do nosso regime ninguém, por mais bárbaros que sejam os seus atos, decai do abrigo da legalidade. Todos se acham sob a proteção das leis, que, para os acusados, assenta na faculdade absoluta de combaterem a acusação, articularem a defesa e exigirem a fidelidade à ordem processual. Esta incumbência, a tradição jurídica das mais antigas civilizações a reservou sempre ao ministério do advogado. A este, pois, releva honrá-lo, não só arrebatando à perseguição os inocentes, mas reivindicando, no julgamento dos criminosos, a lealdade às garantias legais, a eqüidade, a imparcialidade, a humanidade.

Esta segunda exigência da nossa vocação é a mais ingrata. Nem todos para ela têm a precisa coragem. Nem todos se acham habilitados, para ela, com essa intuição superior da caridade, que humaniza a repressão, sem a desarmar. Mas os que se sentem com a força de proceder com esse desassombro de ânimo não podem inspirar senão simpatia às almas bem formadas.

Voltaire chamou um dia, brutalmente, à paixão pública "a demência da canalha". Não faltam, na história dos instintos malignos da multidão, no estudo instrutivo da contribuição deles para os erros judiciários, casos de lamentável memória, que expliquem a severidade dessa aspereza numa pena irritada contra as iniqüidades da justiça no seu tempo. No de hoje, com a opinião educada e depurada que reina sobre os países livres, essas impressões populares têm, por via de regra, a orientação dos grandes sentimentos. Para elas se recorre, muitas vezes com vantagens, das sentenças dos maiores tribunais.

Circunstâncias há, porém, ainda entre as nações mais adiantadas e cultas, em que esses movimentos obedecem a verdadeiras alucinações coletivas. Outras vezes a sua inspiração é justa, a sua origem magnânima. Trata-se de um crime detestável que acordou a cólera popular. Mas, abrasada assim, a irritação pública entra em risco de se descomedir. Já não enxerga a verdade com a mesma lucidez. O acusado reveste aos seus olhos a condição de monstro sem traço de procedência humana. A seu favor não se admite uma palavra. Contra ele, tudo o que se alegar ecoará em aplausos.

Desde então começa a justiça a correr perigo, e com ele surge para o sacerdócio do advogado a fase melindrosa, cujas dificuldades poucos ousam arrostar. Faz-se mister resistir à impaciência dos ânimos exacerbados, que não tolera a serenidade das formas judiciais. Em cada uma delas a sofreguidão pública descobre um fato à impunidade. Mas é, ao contrário, o interesse da verdade o que exige que elas se esgotem; e o advogado é o ministro desse interesse. Trabalhando para que não faleça ao seu constituinte uma só dessas garantias da legalidade, trabalha ele para que não falte à justiça nenhuma de suas garantias.

Eis por que, seja quem for o acusado, e por mais horrenda que seja a acusação, o patrocínio do advogado, assim entendido e exercido desta forma, terá foros de meritório e se recomendará como útil à sociedade.

Na mais justa aversão dela incorreu a causa do infeliz, cuja defesa aceitou o meu ilustrado colega. Aceitando-a, pois, o eloqüente advogado corre ao encontro da impopularidade. É um rasgo de sacrifício a que um homem, inteligente como ele, se não abalançaria sem lhe medir o alcance e lhe sentir o amargor. As considerações, expendidas na sua carta, que levaram a fazê-lo, são das mais respeitáveis. Nenhum coração de boa têmpera lhas rejeitará.

A cabeça esmagada pela tremenda acusação estava indefesa. O horror da sua miséria moral lhe fechara todas as portas. Todos os seus amigos, os seus co-associados em interesses políticos, os companheiros de sua fortuna até o momento do crime não tiveram a coragem de lhe ser fiéis na desgraça. Foi então que o abandonado se voltou para o seu adversário militante e lhe exorou o socorro que Deus com a sua inesgotável misericórdia nos ensina a não negar aos maiores culpados.

O meu prezado colega não soube repelir as mãos que se lhe estendiam implorativamente. A sua submissão a esse sacrifício honra aos seus sentimentos e a nossa classe, cujos mais eminentes vultos nunca recusaram o amparo da lei a quem quer que lho exorasse. Lachaud não indeferiu a súplica de Troppmann, o infame e crudelíssimo autor de uma hecatombe de oito vítimas humanas, traiçoeiramente assassinadas sob a inspiração do roubo.

A circunstância, cuja alegação se sublinha na sua carta, de "ser o acusado nosso adversário" não entra em linha de conta, senão para lhe realçar o merecimento a esse ato de abnegação. Em mais de uma ocasião, na minha vida pública, não hesitei em correr ao encontro dos meus inimigos, acusados e perseguidos, sem nem sequer aguardar que eles mo solicitassem, provocando contra mim desabridos rancores políticos e implacáveis campanhas de malsinação, unicamente por se me afigurar necessário mostrar aos meus conterrâneos, com exemplos de sensação, que acima de tudo está o serviço da justiça. Diante dela não pode haver diferença entre amigos e adversários, senão para lhe valermos ainda com mais presteza, quando ofendida nos adversários do que nos amigos.

Recuar ante a objeção de que o acusado é "indigno de defesa" era o que não poderia fazer o meu douto colega, sem ignorar as leis do seu ofício, ou traí-las. Tratando-se de um acusado em matéria criminal, não há causa em absoluto **indigna de defesa**. Ainda quando o crime seja de todos o mais nefando, resta verificar a prova: e ainda quando a prova inicial seja decisiva, falta, não só apurá-la no cadinho dos debates judiciais, senão também vigiar pela regularidade estrita do processo nas suas mínimas formas. Cada uma delas constitui uma garantia, maior ou menor, da liquidação da verdade, cujo interesse em todas se deve acatar rigorosamente.

A este respeito não sei que haja divergências, dignas de tal nome, na ética da nossa profissão. Zanardelli, nos seus célebres discursos aos advogados de Brescia acerca da advocacia, depois de estabelecer como, em matéria civil, se faz cúmplice da iniqüidade o patrono ciente e consciente de uma causa injusta, para logo ali se dá pressa em advertir:

> Em princípio, todavia, não pode ter lugar nas causas penais, onde ainda aqueles que o advogado saiba serem culpados, **não só podem**, mas **devem** ser por ele defendidos. Mittermaier observa que os devemos defender, até no caso que deles tenhamos, diretamente, recebido a confissão de criminalidade. Algumas leis germânicas estatuem que nenhum advogado se poderá subtrair à obrigação da defesa com o pretexto de nada achar para opor à acusação. No juramento imposto pela lei genebrina de 11 de julho de 1836, juramento no qual se compendiam os deveres do advogado, entre outras promessas que se lhe exigem, se encontra a de "não aconselhar ou sustentar causa que lhe não pareça justa, **a menos que se trate da defesa de um acusado**". Ante a justiça primitiva, pois, o patrocínio de uma causa má não só é **legítimo, senão ainda obrigatório**; porquanto a humanidade o ordena, a piedade o exige, o costume o comporta, a lei o impõe (*L'Avvocatura*, p. 160-161).

Na grande obra de Campani sobre a defesa penal se nos depara a mesma lição. Nos mais atrozes crimes, diz ele,

por isso mesmo que sobre o indivíduo pesa a acusação de um horrível delito, expondo-o a castigos horríveis, é que mais necessidade tem ele de assistência e defesa (*La Difesa Penale*, vol. I, p. 39-41).

O Professor Christian, anotando os *Comentários* de Blackstone (IV, 356), diz:

> Circunstâncias pode haver que autorizem ou compilem um advogado a enjeitar a defesa de um cliente. Mas não se pode conceber uma causa que deva ser rejeitada por quantos exerçam essa profissão; visto como esse procedimento de todos os advogados, tal prevenção excitaria contra a parte, que viria a importar quase na sua condenação antes do julgamento.
>
> **Por mais atrozes que sejam as circunstâncias contra um réu**, ao advogado sempre incumbe o dever de atentar por que o seu cliente não seja condenado senão de acordo com as regras e formas, cuja observância a sabedoria legislativa estabeleceu como tutelares da liberdade e segurança individual.[1]

As falhas da própria incompetência dos juízes e os erros do processo são outras tantas causas de resistência legal da defesa, pelas quais a honra da nossa profissão tem o mandato geral de zelar; e, se uma delas assiste ao acusado, cumpre que, dentre a nossa classe, um ministro da lei se erga para estender o seu escudo sobre o prejudicado, ainda que, diz o autor de um livro magistral sobre estes assuntos, "daí resulte escapar o delinqüente" (William Forsyth, *Hortensius*, p. 388-389, 408-409).

Nesse tratado acerca da nossa profissão e seus deveres, escrito com a alta moral e o profundo bom-senso das tradições forenses da Grã-Bretanha, se nos relata o caso da censura articulada pelo **Lord Justice-Clerk**, no processo de Gerald, réu de sedição, que, em 1794, requeria às justiças de Edimburgo lhe nomeassem defensor, queixando-se de lhe haverem negado os seus serviços todos os advogados a cuja porta batera. "Ainda sem a interferência deste tribunal", admoestou o magistrado, a quem se dirigia a petição,

---

[1] Christian *apud* Blackstone, *Commentaries on the Laws of England in Four Books*, livro 4, p. 356.

> nenhum *gentleman* devia recusar-se a defender um acusado, **fosse qual fosse a natureza do seu crime**; *whatever the nature of his crime might be*.

De tal modo calou nos ânimos essa advertência, que Howell, o editor dos Processos de Estado, endereçou uma nota ao decano da Faculdade dos Advogados, Henry Erskine, irmão do famoso Lord Erskine, o Demóstenes do foro inglês, único do seu tempo a quem cedia em nomeada, e Henry Erskine se apressou em responder que o acusado o não procurara:

> Tivesse ele solicitado o meu auxílio e eu lhe assistiria [...], pois sempre senti, como o **Lord Justice-Clerk**, que se não deve recusar defesa a um acusado, **qualquer que seja a natureza do seu crime**; *whatever be the nature of his crime* (William Forsyth, *Hortensius*, p. 388).

Do que a esse respeito se usa e se pensa nos Estados Unidos, temos documento categórico no livro escrito sobre a ética forense por um eminente magistrado americano, o Juiz Sharswood, da Suprema Corte de Pensilvânia. Professando, na universidade desse Estado, sobre os deveres da nossa profissão, ensinava ele aos seus ouvintes:

> O advogado não é somente o mandatário da parte, senão também um funcionário do tribunal. À parte assiste o direito de ver a sua causa decidida segundo o direito e a prova, bem como de que ao espírito dos juízes se exponham todos os aspectos do assunto, capazes de atuar na questão. Tal o ministério que desempenhava o advogado. Ele não é moralmente responsável pelo ato da parte em manter um pleito injusto, nem pelo erro do tribunal, se este em erro cair, sendo-lhe favorável no julgamento. Ao tribunal e ao júri incumbem pesar ambos os lados da causa; ao advogado, auxiliar o júri e o tribunal, fazendo o que o seu cliente em pessoa não poderia, por míngua de saber, experiência ou aptidão. O advogado, pois, que recusa a assistência profissional, **por considerar, no seu entendimento, a causa como injusta e indefensável, usurpa as funções, assim do juiz como do júri** (*An Essay on Professional Ethies*, p. 83-86).

Páginas adiante (89-91), reforça o autor ainda com outras considerações esta noção correntia, que ainda por outras autoridades americanas vamos encontrar desenvolvida com esclarecimentos e fatos interessantes (Henry Hardwicke, *The Art of Winning Cases*, New York, 1896, p. 457, nº XV; Snyder, *Great Speeches by Great Lawyers*, New York, 1892, p. 372).

Ante a deontologia forense, portanto, não há acusado, embora o fulmine a mais terrível das acusações, e as provas o acabrunhem, que incorra no anátema de **indigno de defesa**. "A humanidade exige que todo o acusado seja defendido" (Mollot, *Règles de la Profession d'Avocat*, t. I, p. 92, *apud* Sergeant, *De la Nature Juridique du Ministère de l'Avocat*, p. 74-75)

Lachaud não recusa assistência da sua palavra a La Pommerais, ladrão e assassino, que, depois de ter envenenado friamente a sua sogra, envenena com os mesmos requisitos de insensibilidade e perfídia a mulher que o amava, para se apoderar do benefício de um seguro, que, com esse plano, a induzira a instituir em nome do amante, cuja celerada traição não suspeitava.

Já vimos que o grande orador forense não se dedignou de patrocinar a causa de Troppmann. Na crônica do crime não há muitos vultos mais truculentos. De uma assentada, sem ódio, sem agravo, por mera cobiça de ouro, matara uma família inteira: o casal, um adolescente de dezesseis anos, quatro meninos, dos quais o mais velho com treze anos e uma criancinha de dois. Pois esse monstro teve por defensor o advogado mais em voga do seu tempo.

Nunca, desde o processo Lacenaire, houvera um caso que levasse a indignação pública a um tal auge. Quando o criminoso escreveu a Lachaud, implorando-lhe que lhe acudisse, esta sua pretensão de eleger por patrono aquele a quem então se começava a chamar, por excelência, "o grande advogado", ainda mais irritou a cólera popular; e, ao saber-se que ele aceitara a defesa do matador de crianças, cuja causa a multidão queria liquidar linchando o grande criminoso, não se acreditou, protestou-se, tentou-se demovê-lo, e deu-se voz de escândalo contra essa honra a tão vil aborto da espécie humana.

Mas ao mundo forense essas imprecações e clamores não turvaram a serenidade.

> O advogado, fosse quem fosse, que Troppmann escolhesse, teria, nestas tristes circunstâncias, cumprido o seu

dever honestamente, como querem a lei e o regimento da Ordem.

Lachaud, impassível ao vozear da ira pública, apresentou-se com simplicidade ao tribunal, diz o editor de seus discursos,

> como auxiliar da justiça, para ajudá-la a se desempenhar dos seus deveres, **e, como defensor, para levantar entre o culpado e os ardores da multidão uma barreira.**[2]

A sua oração ali, obra-prima de eloqüência judiciária e consciência jurídica, abre com estes períodos de ouro:

> Troppmann me pediu que o defendesse: é um dever o que aqui venho cumprir. Poderão tê-lo visto com espanto os que ignoram a missão do advogado. Os que dizem haver crimes tão abomináveis, tão horrendos criminosos que não há, para eles, a mínima atenuante na aplicação da justiça, os que assim entendem, senhores, laboram em engano, confundindo, na sua generosa indignação, a justiça com a cólera e a vingança. Não percebem que, abrasados nessa paixão ardente e excitados da comiseração para com tantas vítimas, acabam por querer que se deixe consumar um crime social, de todos o mais perigoso: o sacrifício da lei. Não me compreendo assim as obrigações da defesa. O legislador quis que, ao lado do réu, fosse quem fosse, houvesse sempre uma palavra leal e honrada, para conter, quanto se possa, as comoções da multidão, as quais, tanto mais terríveis quanto generosas, ameaçam abafar a verdade.
>
> A lei é calma, senhores: não tem jamais nem sequer os arrebatamentos da generosidade. Assentou ela que a verdade não será possível de achar, senão quando buscada juntamente pela acusação e pela defesa. Compreendeu que nem tudo está nas vítimas, e que também é mister deixar cair um olhar sobre o acusado; que à justiça e ao

[2] *Plaidoyers de Ch. Lachaud*, t. II., p. 257-258.

> juiz toca o dever de interrogar o homem, sua natureza, seus desvarios, sua inteligência, seu estado moral. Ao advogado então disse: "Estarás à barra do Tribunal, lá estarás com a tua consciência". [...] O direito da defesa, a liberdade da defesa, confiou-os à honra profissional do advogado conciliando assim os legítimos direitos da sociedade com os direitos não menos invioláveis do acusado.
>
> ....
>
> Houve algum dia, senhores, uma causa criminal que mais exigisse a audiência da defesa? Malvadezas sem precedentes [...] e no meio desta emoção geral, clamores exaltados a exigirem, contra o culpado, severidades implacáveis. Não avaliais, senhores, que a palavra de um defensor vos deve acautelar desse perigo? Jurastes não sacrificar os interesses da sociedade, nem os do acusado; prometestes ser calmos, inquirir da verdade fora das paixões tumultuosas da multidão; jurastes deixar falar a vossa consciência, quando se recolher, depois de tudo ouvido.
>
> Pois bem! Eu vo-lo exoro, impondo silêncio às vossas consciências, tende essa coragem, e esperai![3]

Onze anos antes, os auditórios de Paris se haviam agitado aos debates de um processo que ainda mais comovera a sociedade francesa.

Um atentado extraordinário estremecera a nação toda, abalando o mundo político até os fundamentos.

O Império escapara de soçobrar num momento, fulminado, nas pessoas do Imperador e da Imperatriz, pela audácia de um tenebroso conspirador.

A mais miraculosa das fortunas sobrara do excídio a Napoleão III com o chapéu varado por uma bala e o próprio rosto escoriado.

Mas os estragos em torno dele operados foram medonhos.

Dilacerando o carro imperial pelas estilhas da carga homicida, os animais ficaram vasquejando num charco de sangue, de envolta

---

[3] *Ibidem*, p. 282-283.

com uns poucos agonizantes: lanceiros, gendarmes, lacaios, transeuntes, alcançados todos pela ação exterminadora das bombas.

A estatística dessa devastação instantânea contou quinhentos e doze ferimentos, cento e quarenta e oito feridos e oito mortos. Dificilmente se poderia improvisar de um só golpe maior número de infortúnios e sofrimentos. O fulminato de mercúrio obrara maravilhas de instantaneidade na supressão de vidas inocentes; e a influência maligna dos projéteis empregados revestira um caráter singularmente desumano, condenando os sobreviventes, pela natureza das chagas abertas nos tecidos lacerados, a cruciadores tormentos ou moléstias incuráveis.

Tal se apresentara a obra da sanguinária conjura, que imortalizou com uma auréola negra o nome de Felice Orsini.

As intenções, que a haviam animado, não menos sinistras. "Pouco importava", diz o historiador do Segundo Império,

> que os estilhaços, projetando-se por toda a parte, juntassem à grande vítima votada à morte um sem conto de vítimas obscuras.
>
> Pouco importava, contanto que se imolasse o Imperador. Reinaria então a anarquia na França; mediante a sua repercussão, a anarquia na Itália, e, destarte, se realizariam os pavorosos sonhos dessas imaginações doentias e pervertidas (*De la Gorce*, II, 219).

Pois bem: a esse crime, de tão infernal aspecto e tão bárbaras entranhas, não faltou, no julgamento sem conforto de esperança, a mão piedosa de um advogado, e esse o maior dos contemporâneos, aquele que exercia então sobre a sua classe o principado da eloqüência e da celebridade profissional.[4]

Todos se inclinaram com admiração e respeito a esse ato de religiosa solenidade. Ninguém tolheu a defensiva ao execrado réu, cuja altivez de recriminações levou o primeiro presidente do tribunal a declarar-lhe que só o respeito às liberdades da defesa o obrigara a tolerar semelhante linguagem; e foi sobre a cabeça do réprobo, escoltado de espectros, que a inspiração de Júlio Favre ousou acabar,

---

[4] Júlio Favre.

apelando das durezas da justiça da terra para as eqüidades da clemência do céu. "Para cumprirdes o vosso dever sem paixão nem fraqueza", dizia ele em acentos de Bossuet,

> não haveis mister, senhores, as adjurações do Sr. Procurador-Geral. Mas Deus, que a todos nos há de julgar; Deus, ante quem os grandes deste mundo comparecem tais quais são, despojados do séqüito dos seus cortesãos e lisonjeiros; Deus que mede, ele só, a extensão das nossas culpas, a força dos impulsos que nos desvairam, a expiação que os resgata; Deus pronunciará, depois de vós, a sua sentença: e talvez não recuse o perdão que os homens houverem tido por impossível na terra.[5]

Bem vê, pois, o meu colega: não há de que se arrepender. Tem consigo a lição geral e os melhores exemplos da nossa gloriosa profissão.

Há de lhe ser árdua a tarefa. Não vejo na face do crime, cujo autor vai defender, um traço que destoe da sua repugnante expressão, que lhe desbaste o tipo da refinada maldade.

Fala-me em elementos de que está de posse, os quais "muito diminuem, senão excluem, sua responsabilidade".[6] Queira Deus que se não iluda. Essa responsabilidade se acentua, no conjunto das provas conhecidas, com uma evidência e uma proeminência que se me afiguram insuscetíveis de atenuação.

Nem por isso, todavia, a assistência do advogado, na espécie, é de menos necessidade, ou o seu papel menos nobre.

Rui Barbosa

---

[5] Favre, *Discours du Batonnat*, p. 169-170.

[6] Na *Revista Universitária*, de onde foi copiado o parecer, está: "muito lhe diminuem, senão excluem, a responsabilidade".

Respeitosas observações

DE EVARISTO DE MORAIS

Vê-se bem no final desta substanciosa resposta — que vale por um tratado de ética profissional — a impressão causada na alma do Grande Brasileiro pelas notícias aleivosas com que os interessados procuram denegrir a reputação do Dr. Mendes Tavares, a pretexto de expor a ação criminosa em que ele se achou envolvido. Generoso e altruísta, dotado de uma afetividade que só é comparável, na grandeza, à sua extraordinária sabedoria, o Mestre naturalmente se sentia, naquela ocasião, **dias após o fato**, presa da emoção que se assenhoreou de todos os espíritos — mesmo os superiores — e que necessariamente deveria refletir na apreciação do triste acontecimento que a malevolência cercara de invencionices perversas...

Daí o ter suspeitado que à defesa se antepunham enormíssimas barreiras; daí o ter afirmado que a nossa tarefa seria das mais árduas, por não oferecer o processo ensanchas para exculpação do acusado.

Em suas próprias palavras, entretanto, se nos depara abertura para estas respeitosas observações.

Disse Rui Barbosa:

> Não vejo na face do crime, cujo autor vai defender, um traço que destoe da sua repugnante expressão, que lhe desbaste o tipo de refinada maldade, os quais "muito diminuem, senão excluem, sua responsabilidade". Queira Deus que se não iluda. Essa responsabilidade se acentua,

no conjunto das provas conhecidas, com uma evidência e uma proeminência, que se me afiguram insuscetíveis de atenuação.

De fato, se chamarmos **conjunto das provas conhecidas** (como em boa-fé as classificou o insigne e incomparável jurisconsulto), as circunstâncias que a imprensa deu como apuradas; se aceitarmos, para formação do nosso juízo, puramente o que vinha sendo divulgado desde a data do crime até a data da memorável resposta, teremos de convir na justeza daquele acerto. Mas, felizmente, os **autos não contêm aquele conjunto, nem qualquer coisa compacta, firme, segura, que lembre, de longe, o acervo de monstruosidades até então publicadas**.

O processo — Mendes Tavares — feito em juízo resultou a mais formal contestação do que fora prematuramente feito nas colunas da imprensa jornalística, iludida por falsas informações, induzida em erro por impressões do primeiro momento.

Foi assim que, com documentos irrecusáveis, se chegou à certeza de não ter podido o Dr. Tavares premeditar, nem ajustar, o crime que se lhe imputa; pois sua ida ao Conselho Municipal e conseqüente passagem pela Avenida Rio Branco foram motivadas por uma situação imprevista, por uma satisfação de dever político, no interesse do povo e da administração municipal.

Foi assim que ficou fora de dúvida que o Dr. Tavares se dirigira para o Conselho no automóvel da Prefeitura, posto à sua disposição, à última hora, pelo General Prefeito, e no qual — bem se percebe — não poderia ter sido acompanhado por capangas ou guarda-costas...

Averiguado, também, ficou ter o inditoso comandante Lopes da Cruz, que voltara do Ministério da Viação, permanecido em frente ao edifício do Conselho Municipal, como à espera de alguém, exatamente naquele fatal dia 14 de outubro, às 2 horas da tarde, pouco mais ou menos.

Outrossim se provou à evidência, que, desde agosto, vinha o mesmo comandante perseguindo o Dr. Tavares, buscando-o por toda a parte, indagando do seu paradeiro, manifestando-se disposto a dar solução violenta à sua crise conjugal, da qual fazia responsável o mesmo médico.

Demonstrou-se, por maneira insofismável, que não fora o Dr. Tavares o instigador dos atos de Madame Lopes da Cruz, com a qual o marido vivera em alternativas de paz e guerra, propenso a perdões e transigências e a violências fartamente anunciadas. Deixou-se evidenciado, **sempre com a intimação da parte contrária**, que pelo menos **quatro** testemunhas de acusação mentiram desfarçadamente, umas inventando circunstâncias anteriores, outras forjando circunstâncias concomitantes ao crime; que a prova apurada na Polícia não foi com a devida imparcialidade, visto como se desprezaram depoimentos valiosos, pela simples razão de serem contrários ao sistema de acusação preestabelecido; que outra das mais importantes testemunhas não se encontrava em condições de depor com precisão e segurança.

E, no decorrer do sumário da culpa, ficou patente o **arranjo** da prova, a acomodação jeitosa dos testemunhos, que mesmo assim se revelam contraditórios em extremo e imprestáveis para gerar convicção e determinar sentença condenatória.

Hoje, estamos muito longe do ponto em que estávamos quando Rui Barbosa, em um surto de justificada indignação, escrevia as palavras transcritas.

À luz dos debates, pelos quais ansiamos, diante dos juízes populares, em cuja serena justiça confiamos, será desfeito, destruído, pulverizado, o conjunto de supostas provas alardeadas em outubro de 1911 e que tamanha impressão causaram.

Evaristo de Morais

Posse de Direitos Pessoais

(Trazendo em apêndice a petição inicial)

I

"Em obras de jurisconsultos brasileiros de incontestável merecimento", escreve-me um ilustrado membro deste foro, em preciosa nota com que me obsequiou nesta questão, "se acha consagrado o princípio de que só cabe interdito ou ação possessória no *jus in re propria*, ou *in re aliena,* isto é, no domínio e seus desmembramentos. Mas semelhante doutrina, se pode apoiar-se no direito romano, não constitui o direito pátrio, o nosso direito consuetudinário, constante e vivo, rompe com o passado, afronta o presente, desatenta no progresso do direito: é uma heresia jurídica. E, como aqueles jurisconsultos não formaram o nosso direito (encontraram-no feito) e se limitaram a expô-lo, é conseqüente não poderem ser acatados os que escrevem contra ele, contra a nossa praxe ininterrupta, contra o ensinamento dos jurisconsultos pátrios, que os precederam, e foram seus mestres, uma vez que, para mudar, ou alterar o existente, não apresentam uma lei nova, em que se apóiem."

Esta é a verdade que demonstrarei.

Não há dúvida nenhuma de que, entre os romanos, a noção da posse não transpunha o círculo dos direitos reais. Além do senhorio direto e exclusivo das coisas materiais, reconheciam os grandes jurisconsultos daquela idade as conseqüências jurídicas da posse a certos elementos destacados da propriedade, certos direitos sobre as coisas, capazes de exercício continuado, como as servidões e, na opinião de muitos, a enfiteuse e a superfície. "O exercício desses direitos reais fracionários gera efeitos jurídicos análogos aos associados ao poder físico, assumindo também o nome de posse, a saber, posse de direitos, ou *juris quasi possessio*."[1] Além de tais direitos, porém, subordinados ao poder físico e circunscritos às manifestações elementares da propriedade, não ia a posse ou quase posse romana.

Mas, continua o romanista italiano, de cujas palavras acabo de servir-me, "o direito canônico e *a prática do foro* estenderam a quase posse aos direitos episcopais, aos dízimos, *aos direitos aduaneiros e outros direitos; o que também fez o código civil*".[2]

Esses vestígios, que o direito canônico deixou na Itália, como nos países germânicos e na Espanha, não foram mais extensos e duradouros em parte nenhuma do que em Portugal. Ligando ao solo o direito de exercer certas funções eclesiásticas, os cânones invertiam o princípio gestativo da posse no direito romano, onde o jus possessório nascia do solo, ao passo que, segundo a jurisprudência da igreja, era, pelo contrário, a jurisdição que firmava o poder exclusivo sobre a área territorial. Desta modificação notável na idéia da posse resultou progressivamente a sua extensão a outros direitos pessoais, cuja proteção possessória a praxe civil, em contato com a canônica, acabou por admitir. Destarte, chegamos ao estado atual do direito em matéria de posse, cuja suma se define nesta observação de Ihering: "Insuperável é o abismo, que separa o poder físico e, por um lado, a coisa, por outro o exercício *dos inumeráveis direitos, que, em direito moderno, podem ser objeto da quase posse*"[3]. Esta é a fase atual das idéias possessórias, que o sábio jurisconsulto condensou em duas palavras, opondo à definição romana da posse como a *exterioridade do domínio*, a sua definição hodierna como a *exterioridade dos direitos*.[4]

É, pois, no direito canônico, cuja influência histórica na legislação pátria não podem ocultar os mais decididos romanistas,[5] a que

---

[1] Filippo Serafini, *Istituzioni di Diritto Romano*, vol. I, p. 220-221.

[2] *Ibidem*, p. 221: "Il diritto canonico e la pratica del foro estesero il quasi possesso ai diritti episcopali, alle decime, ai diritti doganali e ad altre diritti pubblici, e così fece anche il codice civile".

[3] *Fondement des Interdits Possessoires*, IX, n. 4.

[4] *Ibidem*, 142 (ed. de 1882).

[5] Ribas, *Curso de Dir. Civil Brasil.*, t. I, p. 187.

tantas vezes se referem as *Ordenações*,[6] e que durante séculos desfrutou a autoridade de subsidiário ao civil, é no direito canônico, não no romano, por ele vencido nesta parte, ao menos entre nós, que se acham as fontes imediatas da jurisprudência possessória na tradição portuguesa.

Se os juristas brasileiros, cuja opinião se quer que prevaleça, não deixassem cair das mãos o fio do direito pátrio, transviados por um romanismo que ele enjeitara, bastaria o testemunho de Correia Teles, o mais insigne jurisconsulto português deste século, para os preservar do erro que cometeram.

Na *Doutrina das Ações*, obra, na estimativa dos mestres, sem jaça do menor erro ou descuido, ensina que a ação de manutenção "compete ao possuidor de qualquer coisa, ainda que móvel ou *incorporal*, contra quem o perturba na posse" (§ 190). No § 199 acrescenta que esta ação pode ser intentada "por todo aquele que tiver posse de *fazer* ou *proibir* quaisquer atos, que por direito lhe forem facultados, ainda que o lugar de os praticar seja religioso ou público, uma vez que sofra turbação no uso dele". Ilustrando, numa nota, a extensão da fórmula enunciada na frase "posse de fazer ou proibir quaisquer atos", observa ele: "Até a turbação de direitos produz esta ação". E, para que não restasse dúvida quanto ao seu pensamento, concretiza a sua aplicação em um direito absolutamente incorpóreo, sem ligação com o solo, ou a propriedade material dele: "v. g., a turbação do direito do padroeiro de apresentar ao benefício quem o sirva; e basta *a posse de o ter apresentado a última vez*, se acaso a apresentação surtiu efeito, isto é, se o apresentado chegou a ser colado".

No *Digesto Português*[7] reproduz ele a mesma lição: "O possuidor de coisas *incorpóreas*, como são os direitos de *jurisdição*, de padroado, de cobrar foros ou de exercer alguma servidão ativa, se for perturbado, pode intentar esta ação".

Almeida e Sousa, irrivalizado, entre os nossos praxistas, na erudição e na abundância da doutrina, apóia a de Correia Teles com subsídios copiosos.

"*O uso moderno*", diz ele,[8] "admite a manutenção pela posse

---

[6] *Ord.* L. 2, t. I, §§ 6º e 13, t. 5, § 4º; L. 3, t. 24 pr., e t. 58, § 9º.

[7] T. I, n. 660.

[8] *Tratado dos Interditos*, § 95.

das coisas corporais e pela quase posse das incorporais, servidões rústicas e urbanas, etc." A menção das servidões rústicas e urbanas é aqui meramente exemplificativa; porquanto, em seqüência a esse trecho, cita o autor um de Retes, *De interdict.*, onde se estende a manutenção a todas e quaisquer coisas incorpóreas, especificando-se as prerrogativas, as precedências, as honras, os direitos de apresentação a benefícios e outras dignidades ou funções: "*Denique usu fori ac censura pragmaticorum competit (hoc remedium) pro quibuscumque, tam corporalibus* 'QUAM INCORPORALIBUS JURIBUS PRAEROGATIVIS, PRAECEDENTIIS, ET HONORIBUS', *veluti praesentandi ad beneficia, suffragandi in conciliis, et aliis, etc.*"

Como se não bastara esposar esse juízo, para exprimir o seu, Almeida e Sousa explicitamente o descobre, condensado neste tópico subseqüente a transcrição: "Assim especialissimamente, e pelo uso das nações, vemos competente o remédio *retinendae possessionis* para tudo que é possessível, *ou quase possessível*. Seria preciso copiar aqui Menoch de *Retinend. possessionis Remed.*, 3, Ridolfin *in Prax. Roman. Cur.*, p. 2, c. 12, Post, *de Manut.*, obs. 10, 11 e 12, Ret., disp. 3, de *Jud. Possessor.*, c. 4, *a.n.* 9, Strych *infra*, para relatar todas as posses e *quase posses* pelas quais compete este remédio da manutenção. Alguns casos substanciou Guerreiro, *Trat.* 3, e 6, cap. 43 *a. n.* 56".[9] E, depois de reportar-se a várias monografias suas, no que respeita à quase posse das pensões eclesiásticas, das censuárias e das enfitêuticas, remata assim: "Sobre outras posses de diversos objetos, e que muitos dos citados doutores não atingiram, se veja Pegas, t. II, *Torc.* c. 11, e t. VII. *Forens.* c. 215 e 226".[10]

Adotado assim expressamente por Lobão o sentir desses escritores quanto à aplicabilidade do *interdito retinendae*, já se não poderá duvidar de que Almeida e Sousa o estendia, não só à posse dos direitos corpóreos, ou reais, como à quase posse dos incorpóreos e pessoais.

Releva conhecer, pois, os lances a que esse praxista ali faz alusão, de Guerreiro, Pegas e Strychio. Antes, porém, de considerá-los, não será ocioso acompanhar, no próprio texto de Almeida e

---

[9] *Ibidem*, § 96.

[10] *Ibidem*.

Sousa, certas adaptações do remédio possessório contra a turbação de direitos estranhos à classe das servidões e outros desmembramentos da propriedade.

No § 97 discorre ele acerca das *cartas tuitivas conservatórias da posse*. Dessa instituição dá-nos idéia clara Valasco, na consulta 79 *circa remedium possessorium cartae tuitivae regal, quo utimur*.[11] O célebre praxista exemplifica o caráter e os efeitos dessa medida acautelatória da posse com o caso de um eclesiástico, provido e empossado em certo benefício por ato episcopal, a quem outro, residente na cúria romana e posteriormente instituído por deliberação pontifícia, queria turbar no uso do seu direito, *intendebat eum in sua possessione titulata perturbare*. O rei, *viso titulo ac instrumento possessionis*, expediu a favor do impetrante carta tuitiva: "Se, presentes as partes, a que tocar, achardes que é assim o que ele diz, vós o sustentai na posse do dito benefício e não consintais que o dito N., nem outra qualquer pessoa, de qualquer qualidade e condição que seja, lhe faça mal, nem força sobre a dita posse, e, querendo-lhe fazer, vós não consintais, e lhe levantai logo, e tomai a dita posse, e o sustentai nela. E, se o dito N., ou outra alguma pessoa, contra ele pretender haver algum direito sobre a posse do dito benefício, que o demande como e por onde deve, e ele faça de si direito".

Destarte, com ser o que era no século XVI a autoridade do Santo Padre a mais alta e poderosa, assim no século como na Igreja, os remédios civis possessórios eram opostos aos seus decretos; e, graças a esse amparo, a posse, estribada em uma provisão do ordinário, prevalecia, pela sua simples anterioridade, ao título fundado em letras apostólicas. Nem se me objete que se tratava ali de manifestações peculiares à função política do padroado. Este não fazia mais do que aplicar à posse de situações eclesiásticas, sob uma forma sumaríssima, o interdito usual em defesa da posse de direitos meramente seculares. É o que expressamente reflexiona Valasco:[12] "*Nihil aliud intendit rex in hujusmodi auxilio tuitivarum, quam majore auctoritate, nempre regia, id facere, 'quod judices canti*

---

[11] *Consultationum ac Rer. Judicatar.*, t. I, p. 178-183.

[12] *Ibidem*. LXXIX, n. 17, p. 181. "Suas consultas são ainda hoje apreciadas pelos que se dedicam ao estudo sério da jurisprudência". Ribas, *Curso de Direito Civil*, cit., vol. I, p. 375.

secundum jus commune facere solent', quando vident, aut saltem suspicantur rixas et arma contendentium super possessione". Eram verdadeiros mandados de manutenção, expedidos sumarissimamente contra a turbação da posse, assim de benefícios como de outros direitos pessoais. A proteção que representavam, subsistia, pendente a lide, não só em proveito de clérigos, senão também de beneficiados e leigos, com a propriedade, até, de sobrestar a execução da sentença durante a apelação, posto se não tratasse da posse de benefícios, mas de qualquer outro fato pessoal sujeito à pena religiosa da excomunhão, ou às cominações civis de privação da liberdade.

Era trivialíssimo o uso desse remédio, há trezentos anos, no Reino. Atesta-o o famoso professor de *Institutas* na cadeira da Universidade de Coimbra: "*Eae litterae, quibus 'quotidie' utimur in regno*".[13] Várias disposições legislativas o consagraram: a *Ord*. 1. I, t. III, § 6º; a *Ord*. 1. 2, t. 1º; a *Ord*., 1. 3, tít. 58, § 1º; o regimento do Desembargo do Paço, § 116. E, quase três séculos depois do autor das *Consultationes*, continuava a ser vulgar, com a mesma amplitude de efeitos, o recurso a esse meio de tuição da posse. "Elas, em efeito, são, entre nós", escrevia Almeida e Sousa em 1814, "o mesmo que um mandado de manutenendo, ou o interdito retinendae, e semelhantes em grande parte ao possessório sumaríssimo".[14]

Se é certo que, mais tarde, sob o novo regime em que entrou a metrópole, discriminando-se melhor os poderes, se extinguiu, com a abolição de Desembargo do Paço,[15] essa intervenção da autoridade régia no campo judiciário, nem por isso diminuiu a importância do seu uso até ao primeiro quartel do século atual. Por ele solenemente se certifica o fato concludente da aplicação, em Portugal, até à época em que nos emancipamos, do interdito possessório, sob o molde das cartas tuitivas, à manutenção de direitos *incorpóreos*, que, entre os romanos, não desfrutavam proteção tal. E, se esse era o direito português multissecular, então se considerava como posse, e como posse se manutenia a retenção ou fruição de qualquer coisa, *ou direito*, evidentemente aberraram os juristas brasileiros, mais retrógrados que o clássico advogado de Lobão, deixando o que

---

[13] Valasco, *ibidem*, n. 2, p. 178.

[14] Lobão, *Tratado dos Interditos*, cit., § 97.

[15] Lei de 22 de setembro de 1828.

este, no começo deste século, classificava como "o uso moderno",[16] velho, aliás, a esse tempo, de muitas centenas de anos, para ir buscar *no uso antigo*, isto é, no uso de Roma, a limitação, que as idéias medievas e o progresso cristão já tinham rejeitado, da posse protegida unicamente aos direitos reais.

Essa era a tradição viva nos livros dos reinícolas e na praxe dos tribunais. O recuo dos nossos jurisconsultos foi, portanto, um erro contra todas as regras da transmissão e evolução da doutrina jurídica.

Tentam apadrinhar esse imperdoável desvio com o texto da *Ord*. l. 3, t. 78, § 5º, onde se lê: "Se alguém se temer de outro, que o queira ofender *na pessoa* ou lhe queira sem razão ocupar e tomar *suas coisas*, poderá requerer ao juiz que segure a ele, e a suas coisas, do outro que o quiser ofender; a qual segurança lhe o juiz dará". Mas esta tentativa é vã.

O texto citado não era desconhecido dos reinícolas, e nenhum destes, a começar pelos contemporâneos à promulgação dele, viu jamais nas palavras da *Ordenação* obstáculo ao uso dos interditos em defesa dos direitos pessoais. Antes o consideravam como fonte e apoio da nova doutrina; tanto que Almeida e Sousa, depois de a expender nos §§ 94 a 97 do *Tratado dos Interditos*, reproduz justamente na sua íntegra a *Ord*. do L. 3, t. 78, § 5º, nos períodos supratranscritos, como quem tinha em mente autorizar o ensino dos praxistas com a invocação da palavra legislativa. Essa foi a inteligência, que sempre se deu ao texto, de que se trata. Neste sentido o entenderam os autores, e nele o praticaram os magistrados. O uso é o melhor intérprete das leis; *usus optimus interpres legum*. Já sob os romanos era defeso, em boa hermenêutica, alterar a inteligência das leis, que tiveram sempre interpretação certa: *Minime suntmutanda quae interpretationem certam semper habuerunt*.[17] Como é que, depois de séculos e séculos de praxe ininterrupta em sentido contrário, há de a interpretação de escritores brasileiros impor a um velho texto português uma significação que o ensino dos doutores e a jurisprudência dos tribunais, em Portugal, nunca admitiram?

O direito não jaz na letra morta das leis: vive na tradição judiciária, que as atrofia, ou desenvolve. Mas, na hipótese, não há

[16] *Tratado dos Interditos*, cit., § 95.

[17] Paulus, L. 23 *D.h de Legibus*.

contradição, não há divergência entre a praxe plurissecular e o texto legislativo por ela comentado. A *Ord.* 1. 3, t. 78, § 5º, contempla, evidentemente, na idéia da posse, dois ramos distintos, bifurcados pela disjuntiva *ou*: a pessoa e as coisas; os atentados contra estas e os contra aquelas. Se se admitir que na concepção de *coisas* só cabe a propriedade, com os seus desmembramentos, na de *pessoa* se incluem inegavelmente todos os direitos pessoais.

Mas entre antigos e modernos, seja no uso comum, seja no estilo legislativo, a expressão *coisas*, quando não restrita por limitações explícitas ou implícitas, envolve na latitude da sua acepção todos os objetos corpóreos ou incorpóreos do direito, tudo o que se retém e possui, tudo o que se adquire e aliena. *Coisa*, na fraseologia dos civilistas portugueses, tomada à dos romanos, não traduzia esse conceito de materialidade que lhe é peculiar na acepção mais estreita do vocábulo. Na tecnologia que as *Institutas* definiram, as coisas se dividiam em *corpóreas* e *incorpóreas*, compreendendo-se nestas *as que consistem em direitos*, como a herança, o usufruto e as obrigações de qualquer origem. *Quaedam praeterea RES corporales sunt, quaedam incorporales. Corporales hae sunt quae tangi possunt... Incorporales autem sunt quae tangi non possunt; qualia sunt 'ea quae in jure consistunt', sicut hereditas, ususfructus, obligationes quoquo modo contractae...; nam ipsum jus utendi fruendi et ipsum jus obligationis, incorporale est.*[18] Coisas eram, pois, os direitos, como as obrigações; coisas incorpóreas, mas coisas.

"Os direitos também *são coisas*", escreve um egrégio civilista brasileiro, "e se dizem *coisas incorpóreas*... Quando se diz deter uma coisa, *na generalidade da expressão coisas estão compreendidos os direitos, que também são coisas*."[19]

O próprio T. de Freitas, cuja definição restritíssima, inspirada em Bentham, elimina da noção de *coisas*, não só as relações jurídicas (direitos e obrigações), como até os objetos materiais não suscetíveis de valor mensurável,[20] confessa estar em divergência com a linguagem de *todas as legislações*. Estabelecendo que se entendam por coisas "somente os objetos corpóreos", acrescenta: "Fique, portanto, em esquecimento a divisão que fez o direito romano, *e que fazem*

---

[18] *Inst., de Rebus Incorporalibus*, pr., §§ 1º e 2º (II, 2).

[19] Felício dos Santos, *Projeto do Código Civil Brasileiro*, t. III, p. 23.

[20] Esboço do *Código Civil*, arts. 317 e 318.

todos os códigos, de coisas corpóreas e coisas incorpóreas, atribuindo à palavra um sentido amplíssimo, e fazendo-a compreender tudo quanto pode ser objeto de direitos na opinião de alguns (Maynz, *Dir. Rom.*, § 113), ou, pelo menos, tudo quanto pode fazer parte integrante do patrimônio, na opinião de outros (Pellat, *Propriété*, n. 6, not.).” [21]

Quando, portanto, a *Ord.* 1. 3, t. 78, § 5º, manda assegurar a posse àqueles a quem outrem quiser “ocupar e *tomar as suas coisas*”, razão é concluir que teve em mente, não só a retenção dos objetos materiais, como a dos direitos, que tanto quanto aquele se abrangiam sob a designação jurídica de coisas. Tais raízes têm essa nomenclatura na linguagem civil, que ainda nos códigos hodiernos se lhe descobrem por toda a parte vestígios. O holandês, por exemplo, definindo, no art. 585, a posse como “a retenção ou o gozo de uma coisa”, precisa, no art. 603, o modo como se perde “a posse dos bens incorpóreos”. Não obstante a sua imaterialidade, pois, isto é, o seu caráter de simples direitos, contraposto ao de realidades corpóreas, esses bens são objetos de posse. E, desde que o são, vêm a entrar, pela definição do art. 585, na categoria de coisas.

Não é, logo, de jurisconsultos a inferência que liga à palavra *coisas*, no texto da *Ordenação*, o pensamento exclusivo de objetos corpóreos. Ao menos os jurisconsultos portugueses nunca lhe enxergaram esse intuito. A opinião geral deles foi sempre que o espírito manifesto do texto era proteger, não só o gozo legítimo da propriedade real, senão os direitos, privados ou públicos, inerentes à pessoa.

---

[21] *Ibidem*, p. 213, not. ao art. 317. “Esta distinção ou divisão”, continua ele, “que os legisladores não têm podido dispensar”. *Ibidem*.

E ainda: “... Por todos estes motivos tenho rejeitado a clássica nomenclatura de coisas corporais e incorporais...”. Adiante: “Além disto, a nomenclatura romana, herdada de todos os códigos”. *Ibidem*, p. 222. Claro está que não excluía o Filipino. A minha interpretação, pois, da *Ord.* 1. 3, t. 78, § 5º, estriba, também, na autoridade de Teixeira de Freitas, como na de Felício dos Santos.

II

Muito tarde chegaram os juristas brasileiros, para inovar em assunto, que o concurso de tantos séculos, a série imemorial da jurisprudência, tinha definido nos tratados e arestos.

Para o mostrar, percorrerei rapidamente as autoridades nomeadas por Almeida e Sousa, buscando nas obras de cada uma os trechos a que esse praxista aludiu, mas não transcreveu.

Diz Guerreiro[1] que procede ao interdito *retinendae* (ação de manutenção):

> *Pro quacumque re possessa, sive immobili; sive mobili; sive corporali, sive incorporali, sive rustica, sive urbana. Ideo pro manutentione frumenti, jurisdictionis, gubernii; pro quasi possessione libertatis et exemptionis; pro jure elegendi, praesentandi, et nominandi; pro possessione faciendi processionem; pro prossessione ingrediendi, assistendi, interessandi in capitulo; pro quasi possessione admittendi seu aggregandi alias ad collegium et non idoneos regiciendi ac reprobandi; pro possessione tutelae seu curae; pro quasi possessione servitutis; pro possessione exercitii procuratoris; pro juribus quae quis possidet; pro quasi possessione macinandi et admittendi*

[1] *De munere judicis orphanorum tract.* III, t. II, p. 107, I. 6, c. 43, ns. 56 e 57.

fornarios et alios ad molendum in aliquo indendino; pro quasi possessione filiationis; pro quasi possessione exigendi quamlibet annuam praestationem seu responsationem vel reditum annuum; pro quasi possessione exigendi pensionem ecclesiasticam; pro quasi possessione perceptionis decimarum, vel primitiam aut oblationem; pro possessione confinium usque ad certum locum et certos fines; pro possessione vel quasi possessione rerum ecclesiasticarum; et denique pro possessione vel quasi possessione rerum quae possideri vel quasi possideri possunt. Posth dita obs. 10 per tot quam vide circa relatos casos et alios quos refert "Reinos" Obs. 62.

A fórmula reúne, como se vê, no domínio da manutenção, todas as coisas, possessíveis ou quase possessíveis; *res quae possideri vel quasi possideri possunt*, abrangendo-se no conceito de coisas, não só as corpóreas, como as incorpóreas, *corporales, sive incorporales*, e na acepção das incorpóreas, além dos desmembramentos do domínio, *servitutes*, todos os direitos pessoais, desde os de caráter meramente privado, como *a tutela, a curatela, a filiação, o mandato de procurador, a liberdade, tutelam seu curam, filiationem, exercitium procuratoris, libertatem*, até as funções de ordem pública, religiosa ou mundana: a percepção de vencimentos, tributos e pensões, os direitos e privilégios de reunião, associação, eleição, jurisdição e governo, *jus eligendi, possessio faciendi processionem, exemptiones, pensiones, jurisdictionem, gubernium*.

Eis a inteligência da *Ord*. 1. 3, t. 78, § 5º, firmada por uma autoridade muito mais próxima à fonte legislativa do que os juristas brasileiros da segunda metade do século dezenove, autoridade que não se inspirava em abstrações de escola, ou teorias individuais da cátedra, mas bebia direta e copiosamente nos mananciais da praxe, que o espírito da lei recente preservava puros.

Ela estabelecera a proteção geral da posse, fosse tangível ou intangível o seu objeto. Esse amparo estende-se tanto à apropriação da matéria como à do direito, e, no exercício do direito, assim aos pessoais como aos reais, assim aos individuais como aos coletivos, assim aos públicos como aos simplesmente civis. Esse imenso progresso realizara o direito português, o nosso direito pátrio (porque nem as leis nem a praxe brasileira o modificaram depois, como teremos ocasião de ver), sobre o direito romano, que circunscrevera os interditos à defesa das coisas corpóreas e dos direitos vinculados ao solo. E havemos de perder todo esse terreno ganho para a civilização, para a simplificação da defesa e do direito, há mais de três séculos, unicamente por servil submissão às prevenções escolásticas de um romanismo pedantesco e morto, encarnado em alguns juristas modernos, cujo único título de abono é a legenda savignyana, mal justificada, mal entendida e mal aplicada?

A idéia de posse desprendeu-se distintamente da de propriedade na bela idade da cultura romana. É um dos frutos mais úteis desse desenvolvimento. Sob a influência civilizadora do direito canônico aquela semente se desdobrou, na península Ibérica, em uma germinação nova: a defesa possessória ampliou-se dos direitos reais aos pessoais. Essa era a tradição legislativa e judiciária de Portugal, ao deixarmos o lar das suas instituições, para constituir família nossa. Mas, separando-nos, trouxemos conosco o tesouro do seu direito civil, como o filho emancipado guarda em si o patrimônio das idéias, sentimentos e usos paternos.

A lição de Guerreiros encerra, pois, a controvérsia, a que aqui se poderia pôr ponto, fechando-a com chave de ouro.

Contudo, não será por demais escutar o voto de outros, cujo consenso demonstra a unanimidade das opiniões.

Mendes de Castro,[2] cuja *Prática Lusitana* foi, entre nós, "o melhor tratado de jurisprudência prática,"[3] atesta que o interdito *retinendae uti possidetis* se aplicava em favor de toda e qualquer classe de direitos incorpóreos, ainda os que diziam respeito a predicamentos, honras e funções de jurisdição. *"Item hoc interdictum etiam datur pro quibuscunque juribus incorporalibus, veluti jurisdictionis, honoris et obsequiorum."*

Com uma dessas funções se ocupa Phoebus,[4] neste excerto: *"Quis acquisivit dictam quasi possessionem juris praesentandi, si postea ab ila spoliatur, poterit uti remedium possessorii ad eam recuperandam contra ipsum spoliantem"*.

Cabedo,[5] citando a *Ord.* 1. 2, t. I, § 3º, depois de mencionar

---

[2] *Prática Lusitana*, I, IV. c. 10. *De interdictis*, § 2º, t. I, p. 195.

[3] Ribas, *Curso* ..., cit., I, p. 378.

[4] *Decisiones*, p. 213.

[5] *Decision.*, p. I, dez. 82.

vários direitos de ordem espiritual, compreendidos na esfera da tutela possessória, acaba advertindo que é por uma adaptação da praxe secular que os direitos de natureza religiosa desfrutam o benefício dos remédios contra a turbação da posse. *"Haec ordinatio non solum locum habet quando laicus clericum ob spolium factum intra annum et diem convenit, sed etiam quando clerici inter se et super possessione beneficii, seu alicujus rei spiritualis. 'Certum nanque de jure est quod causa possessoria, quantunque spiritualis, profana est'."*

Reynoso,[6] sustentando a aplicabilidade do interdito à posse de certos direitos pessoais, de acordo com a quase totalidade dos canonistas, *canonistae fere omnes*, conclui: "... *Tamen, ad recuperandam possessionem 'rerum incorporalium' sufficit praecessisse unicum actum exercitii illius juris, licet tepore spolii non esset actuale illius exercitium; quoniam jura incorporalia per unicum actum acquiruntur, eoque tantum formatur possessio in futurum, tanquam si singulis diebus et momentis actus ille renovaretur*".

Strychio[7] pronuncia-se assim: *"Materia interdictorum adhuc hodie summe necessaria ac utilis est pro defendenda, consequenda et recuperanda possessione 'rerum', tam corporalium 'quam incorporalium'."* Ainda aqui se vê como no vocabulário da jurisprudência civil, sob o regime das *Ordenações, coisa era tanto o objeto material quanto o objeto incorpóreo*; o que irresistivelmente nulifica o argumento buscado pelos adeptos da idéia romanista em matéria de posse nas palavras "ocupar e tomar as suas coisas", da *Ord.* 1. 3, t. 78, § 5º.

O praxista não discrimina: onde houver título real, ou *incorpóreo*, *assiste à posse a faculdade do interdito*. A extensão da defesa possessória a toda espécie de direitos suscetíveis de gozo e continuidade acentua-se vigorosamente nas palavras desse escritor, que enunciando, pouco adiante, no § 3º, os quatro casos de mandado sem cláusula, reflete: *"Secundus casus est, si pars conquerens ex facto alterius, postquam perpetratum esset, irreparabile damnum sentiret, v. g. de 'vitae, famae et honoris periculum immineati... quartus, si quis in carcere 'cum fame, squalore et inedia, cum salutis, sanitaits ac vitae discrimine' detineatur"*.

---

[6] *Obs.* LXII, pr. ns. 4, 6, 7, 11 e 12.

[7] L. XLIII, § 1º.

Ora, há nada mais incorpóreo, mais pessoal, mais alheio às relações do domínio sobre as coisas materiais do que o título humano *à higiene, à vida, à honra, à liberdade*? Se alguns desses direitos encontraram depois escudo em novas instituições, havemos de considerar abolido, para os outros, o antigo instrumento de proteção, a égide preciosa, cuja necessidade se lhes reconhecia em tempos, aliás, menos zelosos da personalidade individual?

A evolução da consciência jurídica entre nós mostra o contrário; pois, enquanto existiu, neste país, o mal do cativeiro civil, era nos interditos possessórios que o homem livre, reduzido à escravidão, ia buscar a tutela imediata contra a violência espoliadora. Houve alguma lei que ratificasse especialmente o uso das ações de manutenção em garantia da liberdade? Não. A necessidade da defensão do direito lançou mão espontaneamente da arma jurídica temperada em outras eras e conservada pelo gênio previdente da tradição no seio da consciência popular.

Os escritores europeus dessa época, releva ainda notar, nas aplicações do interdito possessório à turbação da liberdade, cogitavam apenas das violências materiais a ela e da sua privação temporária: *si quis in carcere, cum fame, squalore et inedia, detineatur*. Não conhecendo, entre as nações para que escreviam, o cativeiro legal, a escravidão civil, a perda absoluta do direito à liberdade, as relações de senhor e escravo não consideraram o interdito possessório na sua adaptabilidade aos atentados, *muito diferentes* na sua essência e nos seus efeitos, da escravização de um indivíduo a outro. Quando, porém, no Brasil, começou a se produzir este outro gênero de casos, não obstante a sua diversidade a tantos respeitos, a praxe não hesitou em procurar no remédio tradicional da posse analogias que autorizassem a sua invocação contra as invasões da propriedade no domínio da liberdade humana. A adaptação operou-se espontaneamente, mostrando, por um lado, a elasticidade natural da instituição, por outro a sua extensibilidade inevitável, com a evolução dos tempos, às necessidades emergentes do direito, independentemente do concurso das leis, ou do beneplácito dos expositores.

Cumpre não esquecer a importância que reveste, para a sustentação da minha tese, a consideração de que as idéias de Strychio, perfilhadas nas obras de Almeida e Sousa, o mais provecto representante da praxe lusitana, dimanavam principalmente do direito germânico, em cujas instituições, examinadas com fidelidade, pusera o primeiro desses dois escritores o objeto especial dos seus estudos. O amplo quadro que ele nos traça, pois, do desenvolvimento da posse, da inclusão de todos os bens incorpóreos, de todos os direitos, na área dos interditos, dilatada pela evolução dos fatos, mostra quão longe está da realidade, quão imperfeita e parcial é a conta, que do desenvolvimento da entidade jurídica da posse e suas instituições tutelares, sob o direito canônico e entre as nações européias, nos deixou o exagerado romanismo de Savigny, "reduzindo a numerosa aplicação dos interditos aos fatos, ou desnaturando-os, e pretendendo, sob a dupla preocupação da sua teoria da posse e do culto supersticioso do direito romano, acomodá-los, na maioria dos casos, por analogias forçadas com as servidões".

Nas obras de Pegas,[8] a que também nos remete Almeida e Sousa, temos copioso repositório de arestos portugueses, cuja doutrina mostra quanto se distanciou, em progresso, do direito romano o conceito da posse, na jurisprudência que da metrópole herdamos. Dessa compilação trasladarei alguns.

É indubitavelmente um direito incorpóreo, um direito pessoal, o do procurador ao exercício das suas funções. Pois bem, aqui temos um acórdão,[9] mantendo a posse do ofício de procurador:

> Agravado é a agravante pelo corregedor em o mandar tirar da posse do ofício até decisão dos embargos, provendo em seu agravo, vistos os autos; e como o agravado não tivesse posse, nem direito que lhe competisse por alvará ou carta do dito ofício de procurador, não tinham os seus embargos efeito de responderem à execução da sentença. Portanto, mandam que o corregedor faça *restituir a posse do ofício* ao agravante e, com efeito, seja metido nela, com as perdas e danos por quem de direito for. Lisboa, 15 de setembro de 1681.

---

[8] *Resolutiones For*. L. VII, cs. 25 e 26. "Suas obras (...) subministram muitas vezes preciosas informações sobre o estilo e praxe forense, que facilitam a solução de importantes e árduas questões". Ribas, *Curso...*, cit., I p. 383.

[9] Feito de Gaspar de Medeiros e Câmera com Antônio Borges do Canto.

Noutro feito[10] se contendia igualmente sobre a posse do ofício de procurador municipal, *função pública*. O acórdão, proferido pela Mesa do Desembargo do Paço, reza:

> Agravado é o agravante pelos ofícios da câmara da vila de Santarém, em lhe revogarem a procuração, que seus antecessores lhe tinham feito, fazendo nova procuração a outra pessoa, provendo em seu agravo, vistos os autos; e como por eles se mostra estar o agravante de posse e poder dos negócios da câmara da dita Vila, por nomeação que nele fizeram seus antecessores, deve ser conservado *na posse* em que estava, visto como os ditos oficiais não podem revogar a dita procuração, sem que primeiro seja ouvido o agravante e via ordinária de alegar contra ele causa justa. — 5 de dezembro de 1682.

Na outra questão,[11] disputavam as partes sobre a posse do direito a ordenados. Em defesa desse direito, incontestavelmente incorpóreo, a Relação, por um acórdão, reconheceu a procedência do interdito:

> Que, vista a petição de força do A. executor-mor do Reino, contestação do réu. Mostra-se, por parte do autor, que, estando de posse seus antecessores de *cobrar todos os anos quarenta mil réis de ordenado do correio-mor*, em razão das execuções que lhe fizeram nas consignações que tem na fazenda real, o pagamento dos quais fazia o réu como oficial maior do dito correio-mor, e pedindo o A., depois de entrar no dito ofício, o dito ordenado, lhe não quis dar satisfação, *fazendo-lhe força em o privar da posse*, que tinha por seus antecessores, a que devia ser *restituído*; defende-se o réu como mostra na sua contestação e razões finais. O que tudo visto e o mais dos autos, e, como por parte do A. *se não prove legalmente a posse de cobrar do Réu*, por fazer os pagamentos, o tesouro-mor

---

[10] Entre Manuel Barbosa Machado e os oficiais da Câmara de Santarém.

[11] De Manuel Costa Calheiros contra João Duarte da Costa.

do Reino, e alguns o réu por ordem do correio-mor; não podia ter lugar contra o réu a ação intentada. — 6 de fevereiro de 1683.

Em um agravo entre dois abades[12] reconheceu o tribunal superior o caso de força contra a posse, estabelecida a favor do agravante, no direito de assistir aos ofícios de defuntos, matéria espiritual. Eis a sentença:

> Agravado é o agravante, pelos desembargadores dos agravos da Relação do Porto, em revogarem a sentença do júri, absolvendo ao réu agravado da força e violência que cometeu ao A. agravante, esbulhando-o, e à sua Igreja, da posse em que estava, e por seus antecessores continuada, de ir assistir por si, ou seu cura, a todos os ofícios que se fazem pelas almas dos defuntos na Igreja do R. — 4 de novembro de 1677.

Ainda acerca de um direito meramente espiritual se pronunciaram, noutro feito de agravo,[13] as justiças portuguesas, admitindo a posse e os corretivos da sua turbação.

> Não é agravado o agravante pelo corregedor da corte no tocante à obra do Sacrário, em declaração que nela não terão o Santíssimo Sacramento. Porém foi por ele agravado em não julgar que os R. R. cometem *espólio* em expor o Santíssimo Sacramento sem ser pelo mesmo agravante ou pelo sacerdote que para isso deputar. — 7 de agosto de 1681.

Eis aí a praxe portuguesa. Não se poderia dizer que a inovação canônica, adotada por ela, se confinasse aos casos de natureza especial, aos fatos de ordem eclesiástica dependentes do regime do padroado; porque, de envolta com espécies classificáveis nessa categoria, os tribunais seculares resolviam pela mesma doutrina

---

[12] Domingos Coelho contra Pantalhão de Barros.

[13] Entre Pedro de Oliveira, prior de S. Nicolau, e os irmãos de N. S. da Vitória.

feitos de caráter estritamente civil. Das quatro sentenças, coligidas nos infólios de Pegas, que acabo de trasladar, as duas primeiras sancionam a lei da proteção possessória a direitos pessoais e funções de ordem pública. O princípio da possessibilidade dos direitos incorpóreos perdera, pois, a especialidade do caráter de sua origem, revestindo a expressão geral de uma noção de processo comum.

Entre o direito brasileiro e o direito romano, nesta parte, medeia, portanto, essa larga evolução, de muitos séculos, que reformou a noção originária da posse, rompeu o círculo que a cingia aos direitos reais, e alongou o diâmetro da esfera de sua defesa à posse de todos os direitos suscetíveis, na sua manifestação exterior, de violência e esbulho. É exagerar a veneração por um nome, ou por uma escola, o fato de atribuir-lhe a magia de apagar todo esse progresso, e impor-nos, pelo culto do passado mais remoto, o divórcio da tradição posterior, que o nulificou.

III

Ridícula veleidade seria a de quem pensasse em amesquinhar a autoridade de Savigny, vulto descomunal, "cujo nome domina a ciência jurídica do século dezenove, como o nome de Cujácio dominou a ciência jurídica da renascença e o de Bartolo a ciência jurídica da segunda parte da Idade Média".1 Nem de lhe faltar com as honras devidas pode acusar-se o seu grande contraditor, digno, a todos os respeitos, de medir-se com ele, o autor dessas duas obras soberanas, que se chamam o *Espírito do Direito Romano* e a *Evolução do Direito*. Foi Ihering[2] quem escreveu que a Savigny "ficará sempre a glória imorredoura, inexpugnável, de haver restaurado, na dogmática do direito civil, o espírito da jurisprudência romana, de modo que, seja qual for, afinal, a soma dos seus resultados práticos, incólume lhe restará, em todo caso, esse merecimento".

Mas esta situação excepcional, a despeito de toda a sua superioridade, não o eleva acima da crítica; e o resultado notório desta é capitular-se a *Teoria da Posse* como o menos feliz dos trabalhos do insigne romanista. Antes de Ihering, já o seu valor sofrera impugnações, que o foram sucessivamente diminuindo, até se reduzir às proporções em que o deixa a severa análise de Ihering, condigno

[1] A Rivier, *Revue de Droit International et de Législation Comparée*, t. XI (1879), p. 218.

[2] *Fondement des Interdicts Possessoires* (trad. Meulenaere), p. 1.

retificador da obra gigantesca do sábio sistematizador do direito romano.

A *Teoria da Posse*, de Savigny, não obstante haver assinalado época, e beneficiado a história como um vigoroso estímulo a grandes trabalhos de investigação, franqueando-lhe caminhos desconhecidos, pouco mais importância tem hoje que a de "um fulgurante meteoro".[3] A teoria da posse, diz, com evidência, o ilustre professor de Goettingen, não se pode entender sem a sua prática.[4] Desprovido desta e influído por idéias preconcebidas, Savigny estreava com esse livro aos vinte e quatro anos, idade cuja inexperiência o gênio lhe não podia suprir. Destituído assim do tirocínio preciso para contrastear pela verificação da praxe as noções sistemáticas formadas no estudo histórico das fontes, o jovem explorador "não fez justiça nem ao direito romano nem à importância prática da posse".[5] Daí a brecha imensa aberta pela crítica nas suas doutrinas, cujos resultados reais para a ciência se qualificam hoje de "muito medíocres", e muitas de cujas idéias fundamentais em matéria de posse vieram a incorrer na averbação de insustentáveis, predizendo o seu grande adversário que nenhuma, talvez, acabará por vingar.[6]

Sendo, porém, o que se quer, neste debate, não apurar o que pensavam da posse os romanos, nem tampouco o que das instituições romanas ficou, a este respeito, naqueles, dentre os povos germânicos, em cujo seio o direito romano é o direito comum, mas liquidar o caráter definitivo que essa entidade jurídica assumiu em uma legislação moderna, cujo desenvolvimento se embebeu na influência poderosa de outro fator, o próprio Savigny não me desfavorece. Nas páginas da *Teoria da Posse*, com efeito, se encontra manifestamente registrada a ampliação que sob o direito canônico sofreu, da

---

[3] Von Ihering, *Besitz. No Handwörterbuch der Staatswissenschaft herausgegeben von Conrad*, Elster, Lexis, Ede, Loening, vol. II (Iena, 1891), p. 426.

[4] *Ibidem.*

[5] *Ibidem.*

[6] *Ibidem."Keine einzige der Grundasichten, welche darin vertreten sind, ist unangefochten geblieben, manche derselben bereits mit dem Erfolge, das Ihre Unhaltbarke allgemein zugestanden worden ist; die Zukunft wird darüber entscheiden, ob die übrigen diesen Loose entgehen werdenmeiner Ansicht nach keine einzige."*

Idade Média em diante, nos países de direito romano, o regime da proteção possessória, e a legitimidade, a nacionalidade, a juridicidade desse progresso.

Se os jurisconsultos brasileiros, que juram sem exame sobre as palavras de Savigny, ao menos o lessem com cuidado, teriam dado fé de que o mestre, no seu tratado da posse, mostra como a noção desse instituto jurídico, ao profundo influxo do direito canônico no direito civil e judiciário da Europa, se expandira enormemente em aplicações desconhecidas aos romanos, mas coerentes com a lógica do direito por estes legados à civilização hodierna.

Leia-se o que o sábio alemão escreveu "das modificações da posse",[7] e há de confessar-se que a autoridade do nome de Savigny não patrocina o erro insinuado à sua sombra na educação jurídica da nossa mocidade, sob o capricho de uma filiação inconsiderada ao direito romano, pelos juristas brasileiros adstritos a essa teoria acanhada e anacrônica que o nosso rejeita, e a evolução da consciência jurídica, desde as origens portuguesas até o uso contemporâneo, arredou para os arquivos do passado.

"Em direito romano", diz o escritor germânico, "a posse só se referia à propriedade dos *jura in re*. Ao depois, sobretudo no direito canônico, deliberaram estendê-la em geral *a todo direito*. Ora, toda a teoria da posse tirava fundamento da proteção concedida ao simples exercício de um direito contra certas perturbações, existisse ou não realmente esse direito. Nessa proteção, pois, só se podiam abranger os direitos que admitiam a possibilidade de tal gênero de turbações; e outros não podiam ser eles que a propriedade e os *jura in re*. Mas a constituição da Igreja Cristã e dos vários estados europeus deu nascimento a certos direitos, que intimamente se ligavam à posse e à fruição do solo, direitos *que os romanos não conheceram*, ou estavam longe de supor capazes de apropriação particular. É assim que *o exercício do poder episcopal* depende da posse da sé episcopal com os bens que lhe tocam. Analogamente, ora o *poder supremo*, ora *certos ramos desse poder* se ligam à soberania territorial do príncipe, ou *às jurisdições territoriais*. O mesmo sucede com os encargos territoriais estabelecidos pelo direito germânico, tais como as rendas territoriais, dízimas e corvéias.

---

[7] Savigny, *Traité de la Possession*. Trad. Staedtler (da 7. ed. alemã, 1866), p. 477 a 481.

Todos esses direitos admitem, como os concernentes à propriedade, a proteção do seu mero exercício... Até em casos, nos quais a violência interessa apenas ao exercício de parte desses direitos, *em algum ramo*, por exemplo, *da jurisdição*, se nos deparará, não no tocante à posse do solo, mas a respeito de coisa análoga, uma relação que lembra a *juris quasi possessio* do direito romano. Tais direitos são, como as servidões, suscetíveis de se molestarem por atos de violência, dado o que, *lógico era* amparar-lhes o simples exercício, como o direito romano fizera com as servidões."

"A relação que aqui assinalamos", continua ele, "entre esses direitos e a posse, não é de pura teoria: muito há que *a prática a tem admitido*. Muitas vezes, em direito canônico, se trata da posse dos direitos diocesanos, ou de outros direitos eclesiásticos, bem como dos dízimos, elemento deles; e ninguém duvidou jamais que, *tanto como ao direito de propriedade*, caiba a proteção civil contra a violência *à jurisdição e outros direitos públicos, se bem que de tais direitos na antiga Roma nunca se pudesse cogitar em posse*".

"Mas", pergunta o egrégio romanista, "em que relação está esse gênero de posse com o direito romano? Diretamente não lho poderemos aplicar; porquanto de tais direitos ele não tinha idéia. *Não obstante, a extensão do direito romano a esses casos assenta evidentemente em um desenvolvimento natural e lógico dos seus princípios*. Com isso não sofre alteração, pois, a idéia de posse; o que se faz é *pô-la em contacto com objetos, a que os próprios romanos a teriam ajustado, se os conheceram*." "É mui digno de reparo", observa ainda, em nota, "que esse parece ter sido inteiramente o sentir dos glosadores."

Apesar de aferrada à prevenção, que subordina a posse à idéia primitiva da apreensão territorial, a doutrina *savignyana* opõe-se, já se vê, à imobilização do direito romano na sua letra, advogando a expansão dele, vivificada pelo espírito das suas leis. Do mesmo modo que, tendo o seu ponto de partida na posse do solo, elas a ampliaram à das servidões, reconhece o jurisconsulto alemão que forçosamente o direito romano a teria adaptado aos objetos, a que o direito canônico a estendeu, jurisdição, tributos, privilégios senhoriais, direitos incorpóreos da mais variada natureza, *se Roma os houvesse conhecido*.

Verdade seja que o mestre pára a meio caminho das conseqüências do seu princípio, buscando a legitimidade destas ampliações da idéia romana em um vínculo de analogia entre essas espécies de direitos e as servidões. Todos eles, na sua opinião, convergem para o solo. Mas não se há mister de esforço para perceber que esse vínculo, indireto e tênue em muitos desses direitos, se foi adelgaçando, até desaparecer de todo em algumas adaptações do interdito possessório a relações jurídicas de caráter exclusivamente pessoal. Que afinidade, por exemplo, havia entre o domínio do solo, a apropriação física das coisas e a tutela, o ofício de procurador, o direito a pensões e vencimentos, as funções de índole civil, administrativa e religiosa, a que, segundo o testemunho dos praxistas supracitados, se estendia a defesa do possessório?

O mesmo processo germinativo, que da posse das coisas extraiu a das servidões, e, mais tarde, desenvolveu a posse das servidões na de outros direitos mais ou menos indiretamente limitados pelo território, como as regalias feudais, os dízimos à jurisdição eclesiástica veio, afinal, de expansão em expansão, de transição em transição, a desdobrar noutra, inteiramente nova, a idéia originária, generalizando a posse, com os instrumentos da sua defesa civil, aos direitos de incorporeidade mais evidente, como a filiação, a vida e a liberdade.

Dirão que os romanos não chegariam até aí. Mas o certo é que eles não chegaram até onde é opinião de Savigny que teriam chegado, se o campo das relações, a que houveram de prover, já se tivesse enriquecido com o uso dos direitos, a que o direito canônico teve de acudir. E, se o insigne jurisconsulto alemão respeitava e legitimava nesse progresso uma dilatação natural da idéia romana, como é que nem a estas conseqüências da evolução da posse quiseram atender os escritores brasileiros, e, eliminando o curso desse vasto desenvolvimento, acatado e justificado pelo mestre, recuam até Justiniano, limitando a posse aos *jura in re*, como se o direito pátrio nascesse diretamente das *Institutas*, e, entre o termo onde elas ficaram e o ponto onde ele começou, não se desdobrasse toda essa importante transformação jurídica, de cujos dados sucessivos é repositório a literatura dos praxistas?

Esses velhos guias do foro, condenados pela fácil e lustrosa ciência dos novos à poeira e à traça, representam, contra o romanismo ultra-savignyano destes, o espírito de vida, evolução e progresso. É curioso ver a correspondência entre o critério, que os inspirava, e o que brilha nos trabalhos luminosos de Ihering.

"Extraordinária é a extensão", diz ele, num dos seus escritos mais recentes, "que a posse dos direitos tem recebido no desenvolvimento do direito moderno. Precederam-no, neste caminho, o direito canônico e a praxe das justiças eclesiásticas, que reconheceram posse a todas as regalias, dignidades, funções, benefícios e dízimos da Igreja. Tão bem imitado foi esse exemplo pelas leis e pela jurisprudência dos tribunais seculares, que não há uma relação de direito privado, ou público, a que se não adaptasse a idéia da posse, em sendo possível como quer que fosse aplicar-lhe. *Kein Verhältnis des öffentlichen oder Privatrechts bei dem der Gedanke des Rechtsbesitzes sich nur irgend wie zur Anwendung bringen liesz, nicht mit ihm in Verbindunggesetzt vorden wäre.*

> A idéia diretriz era esta. O indivíduo que se acha no gozo tranqüilo de um direito, seja de que espécie foi, a que corresponda um exercício continuado, monopólio, privilégio, direito banal, patrimonial ou familiar, etc., consistente em um estado de fato, em atos daquele que representa o possuidor do direito, ou em prestações do obrigado, tais como a obrigação de pagar rendas territoriais, tributos, etc., deve ser provisoriamente amparado nesse gozo, se lho impugnarem, até que judicialmente se prove a inexistência do direito. Foi com este ânimo que, até em casos de contestação da validade do matrimônio, ou legitimidade da prole, se admitiu ação destinada a proteger a quase posse da condição de marido ou pai. Objetos de quase posse vieram a ser o próprio direito de usar brasões, as honras da nobreza e, até, o título de doutor. Se a autoridade administrativa contrariava o emprego de títulos tais, assistia ao interessado o direito de apelar para a justiça, que o apoiava na quase posse até solução definitiva. *Essa proteção chegava a favorecer o funcionário contra o governo, se este lhe retinha os vencimentos, lhe deixava de embolsar as pensões, ou lhe vedava perceber emolumentos, enquanto a pendência não fosse resolvida pela autoridade competente.*[8]

Linhas adiante, acrescenta Ihering:

---

[8] Von Ihering, *Besitz. No Handwörterbuch der Staatswissenschaft de Conrad*, cit., vol. II, pág. 425.

Está por fixar ainda o âmbito preciso à extensão, que possa reclamar o conceito da quase posse nas regras do nosso direito e do nosso processo, tão cabalmente alterados em todos os sentidos. *Não concebo que de futuro o direito venha jamais abandonar idéia tão sã.* O que toca à legislação agora é estremar-lhe as raias exatas. Sirva-se, ou não, para esse efeito, da expressão *posse jurídica*, é indiferente: o jurista saberá como se haver, e de que vocábulos usar, toda vez que a lei assegure provisoriamente uma situação de fato, cuja legitimidade esteja por verificar. Em realidade *haverá sempre posse de coisas e de direitos*.

Assim que Ihering vê na posse de direitos uma conquista irrevogável do direito moderno. Não admite que a evolução ulterior possa excluir das instituições necessárias à civilização esse elemento definitivamente adquirido. Firmadas estas duas sentenças, que importa a sua observação de que as leis atuais da Alemanha ainda não discriminaram, com a precisão conveniente, as espécies de direitos a que se tenha de alargar a noção da posse? Outros tópicos da sua obra, oportunamente apreciados, nos mostrarão que os moldes por ele atribuídos a essa idéia abrangem necessariamente a posse de direitos pessoais. E, depois, não é o próprio Savigny quem confessa que *a extensão do direito romano a esses casos assenta com evidência em um desenvolvimento rigorosamente natural e lógico dos seus princípios*?

Não era possível que a jurisprudência pátria no século dezenove abstraísse dessa vasta região anexada a si pela idéia de posse além do marco assentado pelos romanos nos *jura in ré*, para lhe fixar os limites. Por isso vemos continuar o fio dessa tradição nas obras de Almeida e Sousa, Correia Teles e Melo Freire, não obstante pretender valer-se da grande autoridade deste em ser um dos juristas brasileiros aditos à limitação da posse aos direitos reais.

Eis como se exprime esse homem de gênio (na frase de A. Herculano), o máximo dos jurisconsultos portugueses:

Interdictum retinendae adplicatur non solum ad res immobiles, de quibus fuit conceptum, et ad mobiles, quarum in possessione sumus, veluti si servum vel jumentum ducere prohibeamur, l. un. D. utrubi, Menoch. de retinendae possessionis Remed. II; sed etiam ad jurium, quae nobis competunt, quasi possessionem tuendum, quo pertinent interdicta de itinere, actuque privato, de aquaeducto, etc., quae ad generale retinendae interdictum referri debent.[9]

Nestas poucas linhas temos a história e a situação definitiva da ação de manutenção, *interdictum retinendae possessionis*. Era o princípio circunscrito aos imóveis, *ad res immobiles*, em proveito de cuja posse foi concebido, *de quibus fuit conceptum*. Estendeu-se daí ao gozo dos móveis, em cuja posse estivermos: *ad mobiles quarum in possessione sumus*. Mais tarde, abrangeu na sua expansão a custódia geral da quase posse, no concernente a quaisquer direitos que nos pertençam, *ad jurium, quae nobis competunt, quasi possessionem tuendum*.

Evidentemente a enumeração, que se subsegue, reduzida à manutenção das servidões, *interdicta de itinere, actuque privato, de aquaeducto*, nem esgota as espécies contempladas nem restringe o seu gênero; porque os três exemplos dados rematam em um *et coetera*, cujo alcance deve entender-se de conformidade com a cláusula em que, depois de mencionar a posse das coisas, se refere à quase posse dos direitos.

Esta cláusula é geral: não encerra limitação nem exceção: *Interdictum retinendae applicatur... etiam ad jurium, quae nobis competunt, quasi possessionem tuendum*. Isto é: aplica-se também à ação de manutenção a defender a quase posse "dos direitos que nos competem". Nenhum desses direitos, pois, se excluiu da intenção do autor, que, se quisesse reduzir a manutenção aos direitos decorrentes do desmembramento da propriedade, teria particularizado os direitos reais, *jura in re*, em vez de envolver na mais compreensiva das fórmulas todos os direitos, reais ou pessoais, *jura quae nobis competunt*.

Circunscrever o remédio possessório aos direitos derivantes da apropriação das coisas materiais seria condenar a tradição uniforme no direito pátrio. Logo, se o insigne sistematizado do direito civil português nutrisse essa idéia, e quisesse estabelecer essa corrente de reação, teria sido explícito, em lugar de envolver o seu pensamento numa generalidade, *jura quae nobis competunt*, que poderia servir de epígrafe à ampla teoria dos praxistas, resumindo as opiniões

[9] *Inst.*, I, IV, t. VI, § 30.

de Valasco, Guerreiro, Mendes, Cabedo, Phebo, Reynoso, Pegas, Strychio, Almeida e Sousa e Correia Teles, já perlustradas neste estudo.

O direito romano, que dividira todo o domínio da ação jurídica em *coisas, res*, umas corpóreas, *corporales*, categoria em que se compreendiam todos os objetos palpáveis, *quae sui natura tangi possunt*, outras abstratas, *incorporales*, os objetos intangíveis, *quae tangi non possunt*, envolvendo sob esta caracterização todos os direitos, *quae in jure consistunt*, reservava propriamente a posse às coisas corpóreas. "*Possideri autem possunt quae sunt corporalia*", sentenceava Paulo.[10] Os direitos, matéria incorpórea, tinham-se: não se possuíam. "*Neque usufructus neque usus possidetur, sed magis tenetur*", ensinava Ulpiano. Tais sutilezas não podiam resistir à necessidade lógica dos fatos e à ação prática da realidade. Essas distinções foram-se delindo com a ação do tempo e o medrar dos princípios semeados, generalizando-se a idéia da posse, ainda que muitas vezes sob a discriminação inútil de *quase posse*, a fruição de simples direitos. O instrumento desse desenvolvimento foi o direito canônico. Mas com a ação penetrante, que a confusão entre as coisas espirituais e as temporais favorecia nessas eras, a reforma por ele operada se infiltrou profundamente na jurisprudência civil, desviando-a da concepção romana.

"O direito canônico, que, destruindo esta concepção rude e materialista", diz um contemporâneo, "se acercou mais ao verdadeiro caráter natural da posse, admitiu-a, por um conceito comum, em relação a toda espécie de direitos, não só patrimoniais, senão também honoríficos, sociais e, até, de família; noção aceita por quase todos os códigos modernos, bem que alguns a restrinjam aos direitos patrimoniais."[11]

---

[10] *Fr. 3 D. de servitutibus* (XLI, 2).

[11] De Olivart, *La Posesión* (Barcelona, 1884, p. 57).

O [illegible] o [illegible] movimento [illegible] do [illegible] com [illegible] compreendidas [illegible] que se compreendiam [illegible] pelo [illegible] possam outros [illegible] todos os direitos, que [illegible] constituíram [illegible] reais compreensíveis [illegible] [illegible] [illegible] [illegible] [illegible] que se [illegible] Num [illegible] de [illegible] [illegible] [illegible] [illegible] [illegible] os [illegible] do [illegible] [illegible] estudo [illegible] [illegible] [illegible] [illegible] distinções [illegible] [illegible] o [illegible] do tempo e o [illegible] dos princípios [illegible] sem idéia da posse, [illegible] que muitas vezes [illegible] [illegible] [illegible] [illegible] [illegible] [illegible] O [illegible] de se desenvolver [illegible] foi o direito [illegible] [illegible] que [illegible] entre as [illegible] [illegible] [illegible] forma [illegible] [illegible] [illegible] jurisprudência civil, desviando-a da [illegible].

IV

Os autores do código civil português não repudiaram a tradição pátria. "Diz-se posse", estatui ele, no art. 474, "a retenção ou fruição de qualquer cousa ou *direito*." No mesmo sentido se pronuncia o código espanhol,[1] conformando-se com as idéias geralmente reinantes na península,[2] o código fran-

[1] "Art. 430. *Posesión natural es la tenencia de una cosa o el disfrute de un derecho por una persona. Posesión civil es esa misma tenencia o disfrute unidos a la intención de haber la cosa o derecho como suyos*".

[2] Na lei 1ª, tít. 30, partida III, se diz: *"Ca las cosas que no son corporales así como las servidumbres que han las vnas heredades en las otras y los derechos porque un hombre demanda sus debdas, y las otras cosas que no son corporales semejantes destas no se pueden poseer ni tener corporalmente; mas visando de ellas aquel a quien pertenece el uso, y consintiendo la aquel en cuya heredad lo hay, es como manera de posesión"*. Estes princípios, "que estabelecem uma como quase posse de direitos incorpóreos, verdadeiro adiantamento sobre o direito romano", prova de que "o sábio rei inspirou o seu código nas mais sãs idéias do canônico", "foram desenvol-vidos pela praxe e jurisprudência" (De Olivart, *La Posesión*, pág. 57, n. 10).

Os comentadores catalães das Partidas "aceitam resolutamente", diz o tratadista espanhol, "como objeto de posse os direitos de todo gênero". São desses antigos juristas estas palavras: *"Pues el ejercicio de un derecho, qualquiera que este sea y aunque no consista en la ocupación material de la cosa, es un hecho igualmente real y positivo. Por esto, devem aplicársele las mismas reglas de protección, ya que la posibilidad de un ataque violento es indudable, sobre todo cuando se trata de un derecho con*

cês,[3] o italiano,[4] o holandês,[5] o chileno.[6] Nas legislações alemãs contemporâneas, excetuadas a saxônia e a bávara,[7] era, por via de regra, admitida a posse de direitos.[8] No direito civil russo, a doutrina é a mesma.[9]

"A maioria dos autores modernos", nota De Olivart, "admite a posse com aparência do exercício do direito, seja qual for o gênero

---

ejercicio continuo". T. III, p. 842, 861. *Apud* De Olivart, *op. cit.*, p. 63, n. 14.

Antes do código atual, já o projeto de 1851 dizia: "*La posesión es la tenencia de una cosa ó goce de un derecho por nosotros mismos en concepto de duenos, ó por otro en nuestro nombre*".

[3] "Art. 2228. *La possession est la détention ou la jouissance d'une chose ou d'un droit, que nous tenons ou exerçons par nous mêmes, ou par un autre qui la tient ou qui l'exerce en notre nom*".

[4] "Art. 685. *Il possesso è la detenzione di una cosa o il godimento di un diritto, che uno ha per se stesso, o per mezzo di un altro, il quale detenga la cosa od eserciti il diritto in nome di lui*".

[5] "Art. 603. *La possession des biens incorporels se perd par la jouis, sance paisible, qu'un tiers en a eue pendant une année*". Tripels, *Les codes néerlandais*, pág. 501.

[6] "Art. 715. *La posesión de las cosas incorporales es susceptible de las mismas calidades ó vicios que la posesión de una cosa corporal*".

[7] De Olivart, *op. cit.*, pág. 57, n. 10.

[8] Braun, Hegener e Ver Hees, *Traité Prat. du Droit Civ. Allemand*, p. 434, n. 2.092.

[9] Lehr, *Droit Civil Russe*: "No que respeita a coisas incorpóreas, a direitos, só lhes compreende a posse, enquanto deles se possa fazer uso contínuo, ou, pelo menos, reiterado. Salvo esta reserva, possui-se qualquer direito, desde que se possa exercer a vontade, com exclusão de outra qualquer pessoa, alegando razão para o ter deste modo", p. 188, n. 179.

"Para adquirir a quase posse de direitos é mister, como em matéria de posse propriamente dita, um ato material, junto a uma intenção formal: o ato material consiste no exercício efetivo do direito que se pretende possuir: a intenção, na vontade de praticar a título de direito o ato material", p. 192, n. 185.

"Se uma pessoa é formalmente investida num direito em virtude de um contrato, de uma ordem superior, ou de outro qualquer título legítimo, basta essa investidura para criar a quase posse do direito, ainda na ausência completa de exercício efetivo, contanto que nesse ínterim outrem não lhe apreenda o direito." *Ibidem*, n. 186.

deste."[10] Segundo Sánchez Román, "todo aquele que mostra um direito, *qualquer que seja a sua natureza*, tem verdadeira posse jurídica na mais lata acepção da palavra".[11]

De Filippis, comentando a proposição de que a verdadeira posse só se pode verificar sobre as coisas materiais, adverte, contudo, que, "assim como a posse é o exercício e gozo do direito de propriedade, quando relativo a coisas corpóreas, *semelhantemente deve reputar-se posse o exercício e fruição* de coisas incorpóreas, ou meros direitos".[12]

"*Não há direito que não seja suscetível de posse*", ensina Chironi. Conquanto ela se aplique especialmente aos direitos reais, "*também se dá no que respeita a direitos pessoais, tais como os de sucessão e de família*."[13]

Na Alemanha, muitos dos romanistas se afastam, quanto a este ponto, da noção romana da posse. Bruns, no livro indigitado por Ihering como "a obra mais preciosa de todo o nosso século na bibliografia da posse",[14] admite a posse de direitos pessoais, incluindo entre estes os que se verificam nas relações de pai a filho, de súdito a soberano.[15] Eis a sentença pronunciada, sobre a contro-

---

[10] De Olivart, *op. cit.*, p. 60, n. 43.

[11] Sánchez Román, *Estudios de Derecho Civil* (Madrid, 1891), vol. III, p. 429.

[12] "*Ma poiché il possesso, como innanzi abbiamo accennato, è l'esercizio o godimento del diritto di proprietà quando si referisce a cose corporali, così l'esercizio ed il godimento di meri diritti o di cose incorporali deve anche riguardarsi come possesso. Perció alla massima sopraccennata devesi aggiungere la seguente limitazione od eccezione: Chepossibile il possesso anche delle cose incorporali, assimilando il godimento dei diritti al godimento della cosa.*" De Filippis, *Corso completo di diritto civile italiano comparato*, vol. II, p. 11.

[13] "*Non vi ha diritto che non sia suscettibile di possesso: il quale ha luogo rispetto ai diritti personali* (C. 1242, 1598), *di successione* (C., 933), *di famiglia* (C., 120, 121, 171-4), *ed in speciale modo ai reali*." Chironi, *Istituzioni di Diritto Civile Italiano*, vol. I, p. 142, § 83.

[14] "*... die wissenschaftlich wertvollste Leistung au dem Gebiete der Besitzlitteratur in unserm ganzen Jahrhundert.*" Ihering, *Besitz*. No *Handwörterbuch der Staatswissenschaften herausgegeben von Conrad*, vol. II, p. 426.

[15] Bruns, *Das Recht des Besitzes im Miltalalter und in der Gegenwart*, Tubingue, 1848, págs. 475-495. *Apud* De Olivart, *op. cit.*, p. 60-61.

vérsia, nesse tratado, que na suprema opinião de Ihering "resolveu o problema para sempre",[16] e após o qual "nada está por dizer".[17] Riedviaten aceita a teoria de Bruns.[18] Windscheid[19] reconhece que a posse de direitos cabe na mesma noção que a de coisas e servidões. Ranada, ao lado da posse das coisas, trata a de direitos, considerando as duas como classes de uma noção superior, que o ilustre lente da Universidade de Praga define como a possibilidade efetiva, assente em um ato, do exercício iterativo de um direito. Em sua colaboração no esboço do moderno direito romano estampado por Bruns na *Encyclopedia* de Holtzendorff, admite a posse de direitos, inclusive os de obrigações.[20] Ihering, afinal, a suma autoridade, o retificador de Savigny, depois de render homenagem ao "grande valor da posse dos direitos para a teoria possessória", enuncia-se assim: "Toda noção genérica deve conceber-se em termos que se apliquem com a mesma exatidão a todas as espécies encerradas no gênero: *a noção da posse há de cobrir a posse das coisas e a dos direitos*. Não satisfez a esse requisito a ciência romanista... Em vão lhe pedireis uma concepção geral que abrace as duas espécies de posse". [21]

Salvo uma ou outra exceção, portanto, o direito civil contemporâneo em matéria de posse não é o que a jurisprudência romana herdou à Idade Média, mas o que as instituições seculares dos tempos modernos herdaram do direito canônico. O profundo sulco aberto por ele na teoria e na praxe possessória ramificou-se por quase toda a Europa. E a ciência jurídica dos nossos dias, iluminada

---

[16] *"Ein wahrhaft mustergiltiges Werk, da es die Aufgabe, die es sich, gestellt hat: die geschichtliche Fortbildung des Besitzes in der modernen Welt in einer Weise geöst hat, die keinem Nachtfolger etwas zu thun übrig läszt – sie ist für immer gelöst*, cit. Ihering, *Besitz*.

[17] *De la Nature de la Possession en Droit Romain et en dr. Français* (1877), p. 145 e 156. *Apud* De Olivart, *op. cit.*

[18] *Apud* De Olivart, *op. cit.*

[19] Ant. Randa. *Der Besitz* (Leipzig, 1879), § 2º. *Apud* De Olivart, *op. cit.*, p. 61-62, not.

[20] *Das heutige römische Recht von C. G. Bruns. Neu durchgesehen von Pro G. Eck in Berlin, §§ 30 e 32. Holtzendorff's Encyclopädie der Rechtswissenschaft*, p. 434-439.

[21] Ihering, *Besitz...*, cit., n. 10; *Conrad's Wörterbuch*, vol. II, p. 424.

pela erudição de investigadores severos e pela razão de grandes pensadores, confrontando a obra dos jurisconsultos com a dos canonistas, reconhece que, se não fosse o progresso realizado por estes, a obra daqueles não satisfaria às exigências da vida hodierna, em que a garantia dos direitos pessoais assumiu uma importância desconhecida aos antigos.

Verdade seja que nem sempre, no ânimo dos textos legislativos e científicos, a idéia de posse anda associada à dos interditos. Bem que o código civil italiano, por exemplo, ligue o conceito jurídico da posse assim à "*detenzione di una cosa*", como ao "*godimento di un diritto*", a jurisprudência italiana recusa, todavia, o uso da ação de manutenção à posse dos direitos pessoais,[22] a que, aliás, reconhece efeitos particulares, quase os que aquele código lhe atribui nos arts. 1.242 e 1.598. Evidentemente, porém, essa limitação é arbitrária, incoerente e contraditória com o próprio princípio romano, que não concebia a posse senão associada à proteção possessória, e, se restringia os interditos à defesa dos direitos reais, é porque não conhecia a posse dos direitos pessoais. De sorte que esses jurisconsultos e esses legisladores ficaram a meio caminho entre a idéia romana e a moderna, pecando contra a lógica em relação a uma e a outra. Não quiseram limitar, como as *Institutas*, a posse aos *jura in re*; e, contudo, circunscreveram aos *jura in re* as ações defensivas, com que as *Institutas* asseguravam a posse. Do direito canônico adotaram a ampliação da posse aos direitos incorpóreos; mas, ao mesmo tempo, ficaram com os juristas latinos na mutilação da tutela possessória, reduzida exclusivamente aos direitos corpóreos. É a superstição antiga em luta com as necessidades fatais do progresso: repudiou-se, em teoria, a estreiteza do conceito primitivo; mas praticamente não se ousou chegar às conseqüências que ele mesmo determina. Nós, porém, estávamos salvos dessa anomalia; porque foi justamente a praxe muitas vezes secular dos tribunais na metrópole e no Brasil, antes e depois da independência, o que assentou na jurisprudência brasileira o uso dos interditos em proteção da posse nos direitos pessoais.

Como qualificar, pois, o fenômeno singular da retrocessão dos juristas brasileiros ao romanismo justiniano, sem um fato legislativo

---

[22] Mattirolo, *Diritto Giudiziario Civile Ital.*, vol. I, p. 298-299, ns. 256-257.

ou uma modificação na corrente da jurisprudência que explique o capricho desse arcaísmo anticientífico e iliberal? Como compreender, a não ser por um completo eclipse da crítica, essa tenacidade na fé savignyana, inconciliável com a evolução do nosso direito e a realidade viva da nossa praxe?

Desmentida pela tradição da nossa jurisprudência, a novidade dessa teoria no direito pátrio não se sustenta melhor ante a filosofia da sua própria defesa. Expondo o motivo lógico da noção romana que exclui da posse os direitos incorpóreos, atribui Savigny essa particularidade à circunstância de que, a respeito dessa espécie de posse, não se pode verificar a intrusão turbativa, que justifica a proteção possessória.[23] Semelhante restrição, porém, está intimamente ligada à teoria falsa, aluída pela impugnação irresistível de Ihering, que assenta a origem de posse na ação direta do agente sobre o objeto material. Se há uma noção hoje firmada, neste assunto, é a de que a posse "não reside no poder físico sobre a coisa, mas no exercício, na exterioridade do direito". E é no tocante à posse dos direitos que essa verdade "se manifesta com uma clareza impossível de se obscurecer".[24] Desde que se não considere a posse *como poder físico, mas como a simples exterioridade do exercício do direito, "basta para a proteção possessória a exterioridade do direito e a possibilidade do seu exercício"*.[25] Ora, não se pode negar que os direitos incorpóreos se realizam exteriormente, exercendo-se. Não se lhes pode negar, pois, a condição essencial da posse e da sua segurança civil; o exercício exterior, a possibilidade de ação e a visibilidade dela.

Ihering diz: "É um dos erros mais pejados de conseqüências e mais fatais, que se têm cometido na teoria possessória, o haver-se estribado a sustentação da posse e, com ela, a posse mesma na

---

[23] *Traité de la Possession*, §§ 12 e 49.

[24] *"Der Rechtsbesitz für die Besitztheorie von hohem Werte. Eine Wahrheit, über die man sich beim Sachbesitze hinwegtäuschen kounte, dasz nämlich der Besitz nicht physische Gewalt über die Sache, sondern Ausübung, Thatsächlichkeit des Rechts ist, tritt hier mit einer Deutlichkeit zu Tage, die jede Möglichkeit des Verkennens auschlieszt,* cit.," Ihering, *Besitz, Conrad's Handwörterbuch der Staatswissenschaften*, cit., vol. II, p. 423.

[25] *Ibidem. "Für den Besitzschutz genügt die Möglichkeit des Rechts und die Thatsächlichkeit sondern Ausübung"*.

concepção da segurança mecânica, do poder físico. A segurança da posse descansa essencialmente *na proteção jurídica outorgada à relação do direito do homem sobre a coisa*".[26] O grupo de jurisconsultos brasileiros aderentes, nesta parte, à idolatria savignyana deixou-se, pela sua fidelidade escolástica ao mestre, induzir à mesma erronia, reduzindo a base, da posse e dos interditos ao *elemento físico*, sem atentar na freqüência dos casos, em que, ainda no que pertence à ocupação e fruição de coisas materiais, "a segurança da posse assenta *exclusivamente* nas suas garantias morais e jurídicas",[27] "no elemento jurídico e moral, a saber, no receio, inspirado pelo senso jurídico, ou pela lei, de lesar direitos alheios".[28]

Ensina o mesmo Savigny que "Toda a posse é protegida por interditos".[29]. Reconhecido, como se acha, pois, na jurisprudência pátria, mediante a praxe de tantos séculos, *que os direitos pessoais são possessíveis* (no que a intuição prática dos antigos juristas peninsulares acaba de receber a sua sanção filosófica pelos trabalhos definitivos de Ihering, cuja fórmula põe *na simples exterioridade do direito a condição da posse*), a própria lei, enunciada por Savigny, de que a toda posse corresponde um interdito, determina fatalmente o corolário de que os interditos possessórios se aplicam aos direitos pessoais.

Felizmente, o erro desses jurisconsultos brasileiros representa apenas uma espécie de quisto na jurisprudência pátria, em cujo progresso ficou insulado pela evolução que sempre o repeliu. Para que mo não pudessem contestar, bastaria termos em mente a larga aplicação, que se fez no Brasil, enquanto existiu o cativeiro, do *interdito retinendae* em defesa da liberdade.

Nenhum direito mais absolutamente incorpóreo do que esse elemento essencial da personalidade humana. Se algumas legislações, como a nossa durante essa época, o converteram em objeto de propriedade, para a confiscar, o fato não prova senão que a analogia da propriedade é ampliável a todos os direitos suscetíveis de exer-

---

[26] Ihering, *Fondement des interdits possessoires*. Trad. Meulenaere (ed. de 1882), p. 162.

[27] *Ibidem*.

[28] *Ibidem*, p. 160.

[29] *Traité de la possession*, § 34 (ed. de 1866, vol. I, p. 350).

cício exterior. Todos eles podem sofrer violência, esbulho ou imposição de resgate, sob o predomínio da força, como o direito de propriedade; e precisamente por isso é que o direito canônico, deduzindo logicamente a conseqüência da premissa romana, estendeu os interditos, criados em benefício da propriedade, à proteção de todos os direitos suscetíveis de usurpação. Esta pressupõe necessariamente a posse, e necessariamente legitima a intervenção do remédio possessório.

Nenhuma relação, próxima ou longínqua, tem a liberdade com a apropriação do solo, ou os desmembramentos reais desse direito. Entretanto, desde que se começou a sentir vivamente, entre nós, a intolerabilidade do cativeiro ilegal, as suas vítimas lançaram mão do remédio possessório, cuja extensão à posse dos direitos pessoais a tradição judiciária preservara viva. Nenhuma lei expressa autorizava essa aplicação. Todavia, nenhum tribunal a denegou.

Note-se mais: a ação de manutenção, nesses casos utilizada, não era o usual *interdito retinendae uti possidetis*, nem o interdito proibitório, que se converte em simples citação se o réu acode à audiência aprazada e se defende.

Era a *manutenção sumaríssima* do direito romano, de antiga implantação no direito pátrio, remédio imediato para a defesa da posse certa, à qual se concedia para logo o mandado de manutenção, sustentando *pendente lite* na fruição do direito alegado o possuidor, justo ou injusto, até que, mediante discussão e processo regular, se sentenciasse acerca da continuação definitiva da posse provisoriamente assegurada ao autor.

Não havia nada mais comum, durante esse meio século, no foro brasileiro, do que a prática desta espécie peculiar do *interdito uti possidetis contra as usurpações*. Não obstante, porém, a trivialidade contínua e a legitimidade histórica deste uso, a que todos os nossos formulários judiciais abriam espaço, os jurisconsultos brasileiros, fanatizados por uma exageração quase fóssil do romanismo, passaram cegos e surdos através desse protesto vivo da realidade contra o anacronismo da sua teoria. O foro assistia quotidianamente à praxe do interdito *sumaríssimo* de manutenção, requerido e outorgado em todos os tribunais a favor da liberdade. E, contudo, esses jurisconsultos iam em seu caminho semeando, imperturbáveis, a lição de que o remédio possessório não se aplica senão à garantia dos direitos sobre as coisas.

Diversos outros direitos, porém, além desses, alheios à propriedade e aos seus desmembramentos, obtinham, ao mesmo tempo, ante as justiças brasileiras, a proteção possessorial. E, mais bem inspirados no exemplo dos tribunais que certos jurisconsultos, aliás, de mais alta esfera, em preocupações de escola, os nossos formulários aconselham: "Quando qualquer for ameaçado de esbulho, ou efetivamente for esbulhado da posse *de qualquer dos seus direitos*, *pode requerer ser nele manutenido*... Tomarei, por exemplo, a liberdade, por ser um dos casos mais comuns em nosso foro".[30]

As nossas revistas jurídicas arquivam cópia considerável de casos, em que se vê correr continuamente o fio da praxe quatro vezes secular dos interditos, aplicados ao uso e gozo de todo gênero de direitos.

Dos concernentes à posse da liberdade não direi; porque, neste particular, era, diga-se assim, quotidiano, em todos os sítios do país, o emprego dos mandados de manutenção.

Há, porém, outras espécies, ante as quais se evidencia a universalidade do apelo à garantia possessória em favor de direitos, a que as instituições romanas a recusariam.

Em 1873, por exemplo, a presidência de Pernambuco, então exercida pelo Dr. Henrique Pereira de Lucena, depois barão deste nome, ordenara à Câmara Municipal do Recife que, tendo a Misericórdia daquela cidade contratado com a firma Agra & C., privilegiada pela lei provincial n. 1.121, de 17 de julho desse ano, o serviço funerário daquela capital, houvesse de cassar as licenças concedidas para a exploração dessa indústria a outras casas comerciais. — Mas Paula & Mafra, que tinham ali uma empresa do mesmo gênero, solicitaram da Primeira Vara Cível mandado de manutenção a favor dos seus direitos, aos quais antes de previamente indenizados não queriam renunciar. O juiz substituto era o Dr. José Higino Duarte Pereira, cujo preclaro merecimento luz hoje no Supremo Tribunal. Esse magistrado não hesitou em anuir à petição, fazendo expedir o mandado.[31]

Em 1887, o Dr. Joaquim Barbosa, juiz de direito na capital do Ceará, concedeu várias vezes o *interdito retinendae* a consumidores de gás, prejudicados no gozo do direito ao fornecimento desse

---

[30] Cordeiro, *Formulário de todas as ações cíveis conhecidas no foro brasileiro* (ed. de 1883), p. 284.

[31] O *direito*, vol. IV, p. 475.

produto pela *Ceará Gas Company*, que arbitrariamente lho suspendera. A questão subiu até ao Conselho de Estado; e, tendo-se ali censurado o procedimento do magistrado, cuja responsabilidade foi proposta pelo relator da seção de justiça, o imperador, conformando-se com o parecer divergente do visconde de Paranaguá, indeferiu o recurso da companhia contra o ato do poder judiciário, cuja competência reconheceu.[32]

Em 1888, o Juízo de Direito do Recife manutenia a Silva & C. na posse do privilégio que a Câmara Municipal lhes concedera, de numeração das casas da cidade, contra um ato presidencial que lho anulava. Levado o assunto, por conflito de jurisdição, ao Conselho de Estado, este decidiu, com o praz-me da princesa imperial regente, que o magistrado obrara de conformidade com a lei.[33]

Esses fatos judiciários são decisivos.

O direito em atividade, o direito animado, o direito em circulação, o direito atestado pelo consenso geral dos arestos, o direito formado pelo usucapião imemorial da praxe, opõe-se ao romanismo desse núcleo estreito de juristas brasileiros, que supuseram petrificada e cristalizada para sempre a noção da posse na fórmula primitiva.

[32] *O direito*, vol. XLIII, p. 468-478.

[33] *O direito*, vol. XLV, p. 443-449.

V

Entre os jurisconsultos brasileiros que, rompendo com quatro séculos de tradição constante, pretendem reduzir a posse jurídica, a posse tutelada pelos interditos, à esfera da propriedade corpórea e seus desmembramentos, a culminância, o cimo dos cimos, o vértice iluminado, de onde baixa a verdade, é o nome de Ribas.

A invocação é, com efeito, respeitável. Mas, na espécie, firmará o oráculo os títulos de sua autoridade?

Julguemo-lo pelas suas próprias palavras.

O trecho do escritor brasileiro, a que se abriga a fidelidade dos seus adeptos, é este:

"Cabe a ação de manutenção de posse, não só no caso de turbação da posse de coisa móvel, ou imóvel, como na da quase posse das servidões."[1]

Estão varridos, aqui, do conceito da posse os direitos pessoais e toda essa categoria multíplice de relações a que se conveio em dar o nome de coisas incorpóreas.

Mas como autoriza Ribas a sua opinião? Com as citações seguintes, que transcreveremos *ipsis litteris*, da sua nota a essa proposição:

"Mend. 2 P, L. 4, Cap. 10, n. 22; Melo Fr., cit.; § 33; Almeida e Sousa, *Interd*. §§ 95 e seg.; Savigny, *Tr. da Posse*."[2]

---

[1] Ribas, *Consolidação das leis do processo civil*, art. 756, vol. II, p. 139.

[2] *Ibidem*, not. 1.726 ao art. 756.

A primeira indicação aí feita é a de Mendes, *Prática Lusitana*, 2. 4., cap. 10, n. 22. Mas nesse lance, já exarado neste estudo, a doutrina ensinada pelo velho praxista *é justamente o avesso* da que Ribas propugna: "Dá-se também esse interdito" (é a versão literal das suas palavras) "em favor de **quaisquer direitos incorpóreos**, tais como os de jurisdição, dignidade e obediência".[3]

O segundo arrimo, a que se apóia Ribas, é o de Melo Freire, de cujas *Instituições* alude ao § 33 do 1. IV, tít. 6.1. No § 33, porém, não há nem referência indireta à manutenção de posse. Ocupa-se todo ele exclusivamente com a "nunciação de obra nova": *de nuntiatione novi operis, interdicto demolitorio, quod vi aut clam*. O que Ribas teria em mente, pois, deve ser o § 30 (já transcrito em outra parte deste estudo), o único da obra de Melo Freire onde se discorre acerca do *interdito retinendae*. Ora, o que, no § 30, escreve o grande jurisconsulto português, é: "Aplica-se o interdito de manutenção, não só às coisas imóveis, a propósito das quais foi concebido, e às móveis, em cuja posse estamos, senão também a assegurar a quase **posse dos direitos que nos assistirem**". Não diz *ad jurium in re*, direitos reais, mas amplamente *ad jurium quae nobis competunt quasi possessionem tuendam*.[4] Refere-se, pois, *a todos os direitos, que nos possam competir, sem excetuar espécie nenhuma*. E, se ilustra a doutrina com o exemplo de alguns direitos reais, naturalmente os de ocorrência mais comum, acaba por encerrar a enumeração com a *cláusula et coetera, e outros*; e esta deve considerar-se coextensiva ao alcance da fórmula estabelecida pelo autor, cuja redação abrange quaisquer direitos que nos couberem: *jura quae nobis competunt*.

---

[3] Eis o original latino: *"item hoc interdictum etiam datur proquibuscumque juribus incorporalibus, veluti jurisdictionis, honorís et obsequiorum"*.

[4] *"Interdictum retinendae applicatar non solum ad res immobiles, de quibus fuit conceptum, et ad mobiles, quarum in possessione sumus, veluti si servum vel jumentum ducere prohibeamur, t. un. D utrubi, Menoch de retinendae, possessiones remed. II; sed etiam ad jurium quae nobis competunt quasi possessionem tuendum, quo pertinent interdicta de itinere, actuque privato, de aquaeducto, etc., quae ad generale retinendae interdictum referri debet."* Melo Freire, *Institutiones Juris Civilis Lusitani*, 1. IV, t. 6, § 30, ed. de Coimbra, 1828, vol. V, p. 8 e 9., ed. de 1866 (Coimbra), vol. IV, p. 77.

Nem outro pensamento se poderia atribuir a Melo Freore, atendendo a que os jurisconsultos portugueses seus contemporâneos e os que o precederam, desde, pelo menos, o começo do século dezesseis, em que floresceu Valasco, cujas obras a Bélgica, a Itália e a Alemanha se honraram em reeditar, haviam substituído *a noção romana pela noção canônica da posse*.

Apela Ribas para Almeida e Sousa, apontando-lhe, no *Tratado dos Interditos*, os §§ 95 e seguintes.

Pois bem: Almeida e Sousa, nessa parte da obra citada, com a qual já me ocupei, é a contradição mais absoluta que se poderia formular à teoria do jurista brasileiro. O praxista português, com efeito, resume ali o seu sentir, esposando o de Retes, cujas palavras reproduz. Ei-las, tiradas à letra em vulgar: "Afinal, segundo o uso forense e a crítica dos praxistas, cabe este remédio" (o de *manutenção sumaríssima*) "a respeito de todas e quaisquer coisas, corporais ou incorpóreas, direitos, prerrogativas, precedências, honras".[5]

De sorte que as três primeiras citações de Ribas contêm positivamente a negação, a refutação, a condenação da sentença enunciada pelo autor que as invoca: todas afirmam o contrário do que ele sustenta. Evidentemente o ilustre professor se limitou a compilar, sem verificar a fidelidade dos escritores que trasladava. A reverência devida ao mestre e a indubitável lealdade do seu magistério não permitem explicar de outro modo a tríplice inexatidão.

Resta-lhe só o apelo ao *Tratado da Posse* de Savigny. Mas o jurisconsulto alemão, se limita a posse aos *jura in re*, é unicamente ao expor a *teoria do direito romano*; e nem eu atribuí, nem ninguém, aos romanos, a ampliação dessa idéia aos direitos pessoais.

Passando, porém, a estudar as modificações operadas no direito civil pela praxe canônica, cuja influência histórica no direito português bem assinalada se acha nos escritos de Ribas, Savigny enumera os direitos incorpóreos, a que essa evolução estendeu os interditos, acrescentando: *"Ninguém jamais pôs em dúvida que a jurisdição ou outros direitos públicos devam ser tão protegidos contra a*

[5] *"Denique usu fori et censura pragmaticorum competit (hoc remedium) pro quibuscumque rebus, tam corporalibus, quam incorporalibus, juribus, praerogativis, praecedentiis, et honoribus, veluti praesentandi ad beneficia, suffragandi in conciliis et alfis, etc."* Almeida e Sousa, *Interditos*, § 95, p. 70.

violência quanto o direito de propriedade, posto que na antiga Roma nunca se cogitasse na posse de tais direitos."[6]

E, como se não bastasse, para o acautelar contra os que, confundindo o historiador com o jurisconsulto, o consideram apologista absoluto da estreiteza das idéias romanas em matéria de posse, observa que, se elas, neste assunto, não se anteciparam aos cânones, admitindo a possibilidade desta espécie de direitos, é porque aquela idade os não conhecia, mas que a extensão do direito romano a esses casos "assenta em um desenvolvimento perfeitamente natural e racional dos seus princípios". Com semelhante aplicação, diz ele, "não sofreria modificação alguma a noção da posse", e "pode ser que os próprios romanos a houvessem adaptado a esses objetos, *se os conhecessem*".[7]

Ninguém ainda justificou melhor a ampliação moderna, devida ao direito canônico, da fórmula da posse aos direitos pessoais. Com a autoridade da sua profunda intuição do espírito da jurisprudência romana, a que Ihering mesmo rende caloroso preito,[8] Savigny, com efeito, vem atestar que a noção canônica da posse, extensiva a direitos pessoais e, até, a funções públicas, não desnaturava a concepção romana, antes era o seu lógico desenvolvimento.

Logo, nem Savigny sequer responde perfeitamente ao apelo de Ribas. Os outros três — Mendes, Melo Freire, Almeida e Sousa — opõem-se clara e peremptoriamente à teoria por ele advogada.

---

[6] *"En droit canon il est très souvent question de la possession de droits diocésains et d'autres droits ecclésiastiques, ainsi que des dîmes qui en font partie, et de même personne n'a jamais douté que la juridiction ou d'autres droits publics doivent être, à l'égal du droit de propriété, protégés contre la violence, quoique dans l'ancienne Rome on n'ait jamais songé à une possession quelconque de droits semblables."* Savigny, *Traité de la Possession*, § 49, ed. fr. de 1866, p. 478.

[7] *"Dans quel rapport maintenant ce genre de possession se trouve-t-il avec le droit romain? Celui-ci ne peut y être appliqué directement, car les droits en question lui étaient étrangers: néanmoins l'extension du droit romain à ces cas repose évidemment sur un développement parfaitement naturel et logique de ces principes. La notion de la possession ne subit donc par là aucune modification: elle est seulement mise en rapport avec des objects auxquels les Romains euxmêmes auraient pu l'appliquer, s'ils les avaient connus."* Savigny, *Traité de la Possession*, § 49, ed. fr. de 1866, p. 478.

[8] Ihering, *Fondement des interdits possessoires*, p. 1.

Destarte, é de citações erradas, trasladadas, sem o menor exame, de umas compilações em outras, que se tem alimentado a propagação de um erro, cuja tenacidade ignora com inconcebível escândalo toda a história do nosso direito.

Essa opinião ia-se mumificando, letra morta, entre as páginas dos livros que a sepultavam, desacreditada e repelida na praxe forense pelo uso da vida quotidiana, a que as ações de manutenção de liberdade imprimiram uma atividade, um relevo e uma elegância irresistíveis.

Não fossem os interesses atuais do poder, empenhados em uma questão de amor próprio para o governo, a que nunca escasseiam amigos desinteressados, e não haveria, talvez, quem gastasse um dedal de tinta em advogar o desacerto, a bem de cujo triunfo se querem aniquilar tradições imemoriais da nossa jurisprudência e juízes dignos da veneração republicana.

Nada mais efêmero que um ministro. Mas essas criaturas de um dia têm, pela sua identificação transitória com o poder, o condão fácil de converter as suas passageiras veleidades em necessidades de salvação geral. E invoca esta fórmula suprema, o tributo que se lhes rende, abafando quatro séculos de direito pátrio, imolados à vitória de um erro oportuno, não nos deve doer mais na consciência, afeita a essas considerações, do que o sacrifício de um magistrado intransigente nos seus deveres, sobre cuja cabeça os intérpretes togados da razão de Estado hajam proferido a sentença fatídica, dizendo, sem recato, nas antecâmaras dos tribunais: "É preciso inutilizar este juiz, que está criando embaraços ao governo".

Felizmente, enquanto certas devoções se esbofam em dar verniz jurídico às conveniências do poder executivo e às reações contra a magistratura independente, a verdade histórica repercute nas iminências mais altas do nosso foro, uma das quais o Dr. José Higino tem, desde 1873, voto solene na questão, outra, o conselheiro Lafayette, a cuja autoridade se quer abordoar a teoria ministerial da posse, aconselhava, ainda este ano, aos concessionários de loterias, nesta capital, o uso do interdito proibitório contra a violência iminente a direitos pessoais por um decreto do governo. Eis os termos da sua consulta:

> O remédio, de que podem lançar mão os donos das casas ameaçadas, é o de pedir ao juízo cível mandado proibitório que os segure contra a violência iminente (*Doutrina*

das Ações, §§ 200 e seguintes). O dito mandado deve ser requerido contra o fiscal das loterias, a quem, segundo o mesmo decreto, compete solicitar do chefe de polícia o fechamento dos escritórios e agências, e contra o ministério público. A regularidade deste procedimento não pode ser contestada no domínio do direito vigente, de conformidade com o qual o poder judiciário tem competência expressa para "apreciar a validade das leis e regulamentos, e deixar de aplicar aos casos ocorrentes as leis manifestamente inconstitucionais e os regulamentos manifestamente incompatíveis com as leis ou com a Constituição. (Citada lei nº 221, art. 13, § 10.)

O mandado proibitório, se à parte contrária lhe opuser embargos, dará lugar à discussão regular (*Doutrina das Ações*, § 201), na qual se poderão alegar as razões de ilegalidade e inconstitucionalidade do decreto, e destarte provocar a decisão do poder judiciário acerca da inaplicação da disposição do art. II, do decreto nº 1.941, ao caso ocorrente.[9]

A consulta endereçada ao eminente jurisconsulto era esta:

"1º Pode-se pleitear a inconstitucionalidade do tributo federal sobre loterias estaduais, concedidas legalmente para a manutenção de serviços estaduais, *ex vi* do art. 10 da Constituição de 24 de fevereiro de 1891?

"2º É, ou não, contrária à liberdade de trabalho, de comércio e de indústria, a disposição do art. II do dec. nº 1.941, de 17 de janeiro de 1895, dando à polícia o arbítrio de fechar escritórios comerciais de vendas de bilhetes, ou escritórios de comissões e consignações de mercadorias, sob pretexto de que tais escritórios podem aviar encomendas, fazer pedidos de bilhetes de loterias estaduais e efetuar o pagamento dos prêmios de tais bilhetes?

"3º Na hipótese de ser inconstitucional o art. II do dec.

---

[9] *A inconstitucionalidade do Dec.* nº 1.941, de 17 de janeiro de 1895. *Pareceres de jurisconsultos*, Rio de Janeiro, 1896, p. 11.

> nº 1.941, de 17 de janeiro de 1895, qual o remédio de direito a aplicar contra a violência, que se reputa iminente, do fechamento de escritórios comerciais por mandado da polícia?"

Dir-se-á que o interesse dos prejudicados, na hipótese, consistia em se acautelarem contra a violência das autoridades policiais, por cuja ordem se mandavam fechar os escritórios onde eles comerciavam. Certamente. Mas não era *nem na propriedade dos edifícios*, *nem na sua posse*, ou na de servidões civis a ela inerentes, que o atentado policial iria ferir os consultantes. O de que o arbítrio policial mirava a esbulhá-los, era o direito a exercerem certo e determinado ramo de comércio, cujas operações tinham no escritório o seu centro. O escritório constitui apenas um acidente. O objeto do mandado estava em assegurar aos comerciantes, não a retenção da casa onde comerciavam, mas a posse do direito de comerciarem. E, como este direito é pessoal, não me parece temerário, hoje, alistar o insigne jurisconsulto entre os que consideram extensiva a idéia jurídica de posse e sua defesa pelos interditos aos direitos pessoais.

Se me não engano, nesta operação não ficará o ilustre autor do *Direito das Coisas* mal acompanhado com a opinião de Felício dos Santos, que no art. 1.297 do seu *Projeto de Código Civil* compreende no conceito legal da posse os direitos pessoais. Eis as suas palavras: "Se diz possuidor aquele que, com o ânimo de proprietário, detém uma coisa, ou *exerce um direito*, ou detenha a coisa ou *exerça o direito por si*, ou por outrem em seu nome. Tal detenção de coisa ou *exercício de direito se diz posse*".

Comentando esse texto, escreve o próprio autor:

> "A definição do art. 1.297 *abrange a posse de todo e qualquer direito, seja pessoal, ou real. É erro supor que só possa haver posse de direitos reais*. Assim, o art. 758 fala da *posse do estado de filiação materna. Dessa posse resultam direitos importantíssimos, como sejam os das relações de família...*
>
> "O art. 463 dá-nos ainda o exemplo da *posse de direito pessoal*. O devedor exonera-se, pagando ao que *está na posse do direito de credor*.
>
> "Dizemos ainda que alguém está *na posse de sua liberdade*. E haverá direito mais pessoal?

"A definição do art. 1.297 **abrange ainda a posse dos ofícios e empregados públicos**. *E por que não será posse, quando as leis até regulam o momento em que ela começa?*

"Se diz ainda *tomar posse de uma administração, de um mandato, de uma tutela, de uma curadoria*.

"O direito canônico ainda apresenta muitos exemplos de posses de direitos puramente pessoais, posses de benefícios, etc."[10]

Abrangendo na sua definição de posse a "de todo e qualquer direito, *seja pessoal* ou real", o eminente codificador das nossas instituições civis, sobre averbar de erro "o supor que só possa haver posse de direitos reais", expressamente inclui no conceito jurídico da posse *a dos ofícios e empregos públicos*, a par da de funções de mero direito privado, como a tutela, a curatela, o mandato. Nem hesita o douto civilista em associar estas conclusões à tradição do direito canônico, rendendo assim homenagem às relações de descendência, em que para com ele se acha o direito civil brasileiro.

Só os obcecados na prevenção romanista desconhecerão esta notável realidade, estudada com erudição e critério por um ilustrado professor de S. Paulo, o Dr. Hipólito de Camargo, na brochura que escreveu sobre *Manutenção de Direitos*.[11] "O direito canônico", diz ele, "por um desenvolvimento racional imprimido à quase posse, influiu verdadeiramente, foi o extraordinário fator da perfeição, a que tinha de atingir agora, no momento do direito moderno, essa notável instituição romana."[12]

Modificada por essa imensa expansão, a idéia atual da proteção possessória nas instituições nacionais, pode-se condensar na fórmula em que a traduziu o douto jurisconsulto paulista: "O mandado é procedente, quando se trata de garantir a quase posse de um direito constituído".[13]

[10] J. Felício dos Santos, *Projeto do Código Civil Brasileiro e Comentário*, t. III (1886), p. 20-223.

[11] *S. Paulo*, 1895.

[12] *Ibidem*, p. 17.

[13] *Ibidem*, p. 20.

Apêndice da petição inicial

Exmo. Sr. Juiz de
Seção do Distrito Federal

Os Drs. André Gustavo Paulo de Frontin, Luis Rafael Vieira Souto, Manuel Joaquim Teixeira Bastos, Artur Getúlio das Neves, Américo Monteiro de Barros, Viriato Belfort Duarte, Antônio de Paula Freitas, Licínio Atanásio Cardoso, Wenceslão Alves Leite de Oliveira Bello, José Agostinho dos Reis, Elísio Firmo Martins, Eugênio Tisserandot, Oscar Nerval de Gouvêa, Carlos César de Oliveira Sampaio, Joaquim Galdino Pimentel e João Batista Ortix Monteiro, lentes da Escola Politécnica, vêm impetrar deste juízo manutenção de posse no exercício desses cargos, de que ilegalmente os suspendeu por três meses, com perda dos vencimentos, o Ministro da Justiça e Negócios Interiores, por ato de 15 do corrente.

Após os fatos lastimáveis, que perturbaram e interromperam os trabalhos escolares daquele estabelecimento, em circunstâncias que não vem a ponto recordar, publicaram os seus alunos, pela imprensa, *um manifesto* onde sobressaíam estas palavras:

"Quanto à administração na parte relativa aos lentes, o Dr. Paula Freitas, longe de exigir a assiduidade e o zelo tão necessário, muito ao contrário, serve de capa para encobrir todas as faltas, todos os defeitos dos lentes, e como conseqüência resulta daqui o sensível desleixo que cada vez mais se pronuncia em *todo o funcionamento escolar*. Resulta daqui o motivo por que todos os lentes se colocam em qualquer questão ao lado do diretor; porque eles têm certeza que a substituição do Dr. Paula Freitas por um diretor enérgico lhes traria muitos dissabores, que são assim evitados".

Não podendo ser insensíveis, sem quebra da honra profissional e perda, com ela, da autoridade moral dos seus cargos, a essa acusação categórica, irrogada a todo o corpo docente pela generalidade dos seus discípulos, os lentes da escola, unânimes, resolveram, em sessão de 18 de maio, solicitar, como solicitou, do governo, uma comissão investigadora, que apurasse os fatos e responsabilidades. O governo acedeu, instituindo uma comissão, e, como esta não desse cumprimento ao encargo, proveu, aos 30 do mês passado, o Dr. Antônio Augusto Fernandes Pinheiro, no cargo de diretor da Escola, com a incumbência "especial de investigar o fundamento das acusações articuladas pelos alunos contra os membros da congregação".

Desde então, o melindre da situação moral do corpo docente, naquele estabelecimento, era evidentemente de uma delicadeza inconciliável com a continuação imediata das lições. Anuindo à abertura do inquérito, a administração federal solenizara as acusações assacadas pelos discípulos aos seus mestres, e estes, ante a solução acusatória impendente, não podiam acudir ao expediente diário do ensino, sem que primeiro se liquidasse a veracidade e a incidência das imputações que envolviam indistintamente a todos. Por isso, quando propuseram ao governo a instauração do inquérito, opinaram, ao mesmo tempo, em congregação, que, antes de concluído, não se reabrissem as aulas, juízo e conselho que reiteraram na congregação de 7 deste mês. (Doc. número 5).

As razões, de ordem tão elevada, em que se inspirava esta indicação não calaram no ânimo do ministro do Interior. Entretanto, a medida que acabava de adotar, reunindo as funções da sindicância nas mãos de um só funcionário, simplificava extremamente o curso do inquérito, permitindo que em breve prazo, elucidada a verdade, recomeçassem os trabalhos escolares, voltando sem desprestígio os lentes às suas cadeiras. Não era muito que, estando já interrompido o ensino em conseqüência das violentas desordens de maio, se dilatasse alguns dias mais a suspensão dos trabalhos a bem da dignidade do magistério, combalida por esse deplorável incidente. Mas o diretor, especialmente nomeado para averiguar a acusação, e propor ao governo as medidas reparadoras, começou por aconselhar, antes do inquérito, a reabertura da escola, cujos cursos o governo, aquiescendo, mandou imediatamente funcionar.

Em presença dessa decisão inopinada, os suplicantes se achavam moralmente constrangidos nos seus sentimentos mais respeitáveis. Os alunos iam volver aos bancos; os mestres, à cátedra. Mas as posições estavam invertidas: os alunos eram acusadores; os lentes, acusados. O magistério, porém, não é só instrução, é autoridade também. E, dos dois elementos que o compõem, o da palavra está subordinado ao do exemplo. Comprometido este, não há reverência, não pode haver atenção, e, portanto, não há ensino. Professores ameaçados por um inquérito em que os denunciantes e as testemunhas acusadoras são os seus discípulos, não podem exercer ação moral sobre estes. Na conjuntura dessa extremidade, não devendo subordinar-se, nem exautorar-se, os suplicantes buscaram nas suas faculdades legais a saída jurídica e conciliadora. Na atitude, que a sua consciência e as tradições do seu magistério lhes ditaram, de protesto contra as resoluções ministeriais sobre o conflito de maio, tinham procurado cingir-se às mais escrupulosas normas de respeito para com a autoridade. Ainda nas moções, a que o zelo do novo diretor tolhera o debate na congregação de 7 do corrente, era esta a sua linguagem, polida e reverente: "A congregação da Escola Politécnica *julga conveniente ponderar ao governo*". Nesta linha queriam manter-se, evitando a humilhação, sem incorrer em rebeldia, acatando os direitos da autoridade sem abdicar dos próprios.

O código do ensino, promulgado com o decreto nº 1.159, de 3 de dezembro de 1892, dispõe, no art. 47:

> Os lentes catedráticos, substitutos e professores que deixarem de comparecer para exercer as *respectivas funções, por espaço de três meses, sem que justifiquem as suas faltas*, na conformidade deste regulamento, incorrerão nas penas marcadas pelo Código Penal.

O art. 48 acrescenta: "Se a ausência exceder de seis meses, reputar-se-á terem renunciado ao magistério, e os seus lugares serão julgados vagos pelo governo, ouvida a congregação".

Em face destas provisões regulamentares, é permitido aos lentes faltarem injustificadamente até seis meses menos um dia, sem perder as cadeiras, e até três, menos um dia também, sem incorrer em pena. Dessa tolerância legal deliberaram aproveitar-se os suplicantes para não comparecer às aulas durante quinze dias, prazo que reputavam suficiente para o inquérito prescrito. Tal resolução poderiam ter assentado entre si, sem comunicação à diretoria. O resultado seria simplesmente perderem as vantagens do exercício proporcionalmente ao número de faltas justificadas. Para não envolver, porém, em clandestinidade um passo que não se inspirava em malícia, mas no desejo lícito e nobre de honrar a moralidade do ensino, preferiram dar francamente conhecimento do seu propósito à autoridade, buscando, na elevação dos motivos que o determinaram, a prévia justificação das faltas que iam dar (Docs. n°s 6 e 7). E tanto não estava no seu pensamento, nem entrava no seu ato, a intenção de faltarem aos seus deveres de subordinação legal para com o governo, que, autorizados por um colega, o Dr. M. Pereira Reis, a contar o seu voto em apoio de qualquer deliberação por eles adotada, "não importando em desobediência", não hesitaram em associar a assinatura desse às outras.

Tais as circunstâncias que levaram o Ministério do Interior a expedir o ato de 15 do corrente, que ordenou a suspensão dos suplicantes por três meses, com privação dos vencimentos respectivos, por entender que eles são passíveis das penas estatuídas no art. 57 do Código citado, por terem faltado ao cumprimento dos seus deveres, nos termos do art. 52, e que, pela anormalidade das circunstâncias, compete ao governo tomar conhecimento direto do fato, independente da audiência da congregação, visto constituírem os lentes signatários das declarações indicadas a maioria da mesma congregação.

Mas esse ato, que esbulha os suplicantes do exercício legal de seus cargos, contravém a lei duas vezes:

> 1º Porque os suplicantes não incorreram nas penas do art. 52, indigitado pelo governo, ou em outra qualquer sanção penal estabelecida no Código do Ensino;
>
> 2º porque, quando incorrido houvessem, o governo não os poderia privar do exercício senão mediante os trâmites por esse Código estabelecidos nos arts. 53, 54, 55, 56 e 57; sendo absolutamente inadmissível a escusa com que o governo, confessando a preterição da lei, busca regularizá-la.

O art. 52, citado pelo governo, absolutamente não contém matéria aplicável ao caso. "Qualquer divergência", diz ele, "que a respeito do serviço do estabelecimento houver entre o diretor e algum lente catedrático, substituto ou professor, deve por aquele ser presente à congregação". Não é manifestamente a espécie. É de ter "faltado ao cumprimento do seu dever" que o ato ministerial explicitamente argui os impetrantes. A cláusula regulamentar, pois, a que se quis referir, mas que a precipitação o induziu a errar, é a do art. 53, que simplesmente diz: "Se algum lente, nos atos do estabelecimento, *faltar aos seus deveres*, o diretor levará ao conhecimento da congregação o fato ou fatos praticados".

Nesse texto não se define o que sejam "atos do estabelecimento", expressão desazada e enigmática em linguagem legislativa, nem tampouco o que seja, por parte dos lentes, "faltar aos seus deveres" em relação a tais atos. A esse respeito o Código não se enuncia em todos os seus trezentos e vinte artigos. Mas, como o dever principia onde termina o direito, claro está que, assistindo ao lente o de faltar durante três meses menos um dia, independentemente de justificativa, sem incidir em pena (art. 47), não haverá quebra punível do dever de freqüência (salvo o prejuízo nos vencimentos, correspondente ao número de faltas) enquanto a ausência não perfizer o trimestre. E, como uma quinzena é apenas a sexta parte desse período, a interrupção da presença durante quinze dias, única falta imputável aos impetrantes e ainda em princípio de execução, não poderia jamais envolvê-los na sanção do art. 53.

A quem é dado abster-se de comparecer durante um quartel, não pode levar-se a crime o faltar duas semanas. A quem se permite ausentar-se por oitenta e nove dias *sem justificação de causa*, não há de vedar-se o não comparecer quinze apenas, autorizando a freqüência com um motivo, não só de dignidade individual, como de interesse geral do ensino. Se a respeitabilidade do mestre não é uma quantidade desprezível no governo da instrução pública, a justificação não podia ser mais completa. Se, porém, a política do ensino abstrai desses valores morais, a conseqüência unicamente é que as faltas ficavam injustificadas. Mas, como elas em sua totalidade constituiriam apenas a sexta parte das que sem justificação lhes era lícito dar, não há, neste mundo, tribunal que os possa ter como incursos em transgressão do dever.

Formulada, porém, contra elas a increpação de "falta aos seus deveres", avulta contra o ato do governo outro motivo de nulidade na usurpação manifesta da competência da congregação, em que arbitrariamente se imitiu.

São do Código do Ensino estes preceitos:

"Art. 53. Se algum lente, nos atos do estabelecimento, faltar aos seus deveres, o diretor *levará ao conhecimento da congregação o fato ou fatos praticados*.

"Art. 54. Neste caso, *a Congregação nomeará uma comissão, para sindicar dos ditos fatos, e mandará que o acusado responda dentro de 15 dias*.

"Art. 55. Dentro de igual prazo, com a resposta do lente, ou sem ela, *deverá a comissão apresentar o seu parecer motivado*.

"Art. 56. À vista do parecer da comissão e da resposta do acusado, *a congregação deliberará se este deve ser advertido camarariamente ou sofrer as penas do artigo seguinte*.

"Art. 57. Se não for bastante essa advertência, o diretor, ouvindo a congregação, o comunicará ao governo, propondo que sejam aplicadas as penas de suspensão de três meses a um ano com privação de vencimentos, e observará o que a tal respeito for pelo mesmo governo determinado, com audiência da congregação".

Diante destas disposições peremptórias, a acusação, irrogada ao lente, de "faltar aos seus deveres", tem um processo estabelecido e um juiz indeclinável. Esse juiz não é o governo. Esse processo não é o que ele observou.

O processo legal abrangia:

1º A comunicação do fato à congregação;

2º a nomeação, por esta, de uma comissão de sindicância;

3º o termo de uma quinzena ao acusado para a defesa;

4º o parecer motivado da comissão inquiridora;

5º a deliberação da congregação, perante o parecer e a defesa, escolhendo entre a censura camarária e a pena de suspensão;

6º a comunicação do seu voto, no último caso, ao governo, sob a forma de proposta.

Nesse processo, o governo intervém apenas depois de proferida a sentença, para lhe autorizar a execução. Mas quem recebe acusação, quem examina a prova, quem reconhece a culpabilidade, quem elege a pena é a congregação, que pode concluir pela inocência do acusado ou aplicar-lhe apenas a admoestação camarária. O governo homologa simplesmente o julgado da congregação, executando-o, ou dispensa na pena deliberada, abstendo-se de aplicá-la. Mas não pode pronunciar um castigo não proposto pela congregação, e muito menos impô-lo a um lente por ela não condenado.

Assim, o processo, que é o descrito nos arts. 53 a 57 do Código do Ensino, foi de todo em todo suprimido.

E o tribunal, que era a congregação, foi completamente substituído pelo arbítrio do poder executivo.

Sem decisão dela, nem parecer de comissão investigadora, nem inquérito, nem defesa dos acusados, nem notificação sequer ao corpo docente, de que se abria algures um plenário misterioso, acerca da sorte de dezesseis de seus lentes.

O governo condenou os impetrantes a três meses de suspensão.

Isto é: ele foi a congregação; ele foi a comissão sindicante; ele foi o inquérito; ele prescindiu da defesa, fez a acusação e proferiu a sentença.

A monstruosidade está confessada pelo próprio governo, no ato de 15 do corrente, onde cuida saná-la com a alegação, que ali se faz, de não se poder levar a efeito o processo na congregação, por estar a maioria dela envolvida na culpa.

A alegação é improcedente, porquanto o art. 17 do Código do Ensino estatui:

> Nas questões em que for particularmente interessado algum lente, poderá este assistir à discussão, e nela tomar parte; abster-se-á, porém, de votar, e retirar-se-á da sala nessa ocasião.

Deste texto evidentemente resulta que os impetrantes não poderiam votar no assunto, mas tinham o direito de falar nele: não teriam voto, mas tinham voz na congregação; em suma: não deliberavam, mas formavam *quorum*. Deviam constituir a congregação, bem que nela não lhes coubesse parte no escrutínio. A congregação comporse-ia indistintamente de todos os lentes em exercício, retirando-se, por impedidos, no ato da votação, os que tinham interesse na lide.

É a doutrina expressa no artigo supra transcrito e confirmada pelo art. 8º, onde se estabelece:

> A congregação não pode exercer as suas funções *sem a presença* de mais de metade dos lentes que estiverem em efetivo exercício no magistério.

Contanto que a maioria *esteja presente*, a congregação é regular, ainda que só a minoria delibere.

E tanto essa é a inteligência real dos dois textos, que o governo acaba de reconhecê-lo, pois as folhas do dia 19 do corrente, quando já os impetrantes estavam excluídos do exercício, convocavam *uma congregação* para o dia 20. Essa congregação tinha de reunir-se com a minoria remanescente em conseqüência da eliminação da maioria pelo ato administrativo do dia 15.

Dê-se, porém, o contrário. Suponha-se que, com efeito, deduzidos os dezesseis lentes suspensos, já se não pudesse celebrar congregação. Seguir-se-ia daí que o ministro do Interior ficasse *ipso facto* sub-rogado na jurisdição a ela cometida pelo Código do Ensino? De onde surgiu esse direito? Acaso o poder executivo é o sucessor universal das competências extintas, cessantes, interrompidas em matéria da aplicação do direito?

Se o Código do Ensino particularizou em cinco artigos sucessivos o curso do processo no assunto; se o submeteu a formas quase judiciais; se atribuiu à congregação, para o julgamento e a escolha da pena, uma alçada privativa, não se pode admitir, na competência daí resultante, substituição em outra autoridade, salvo se a lei expressamente a houver determinado. Mas a lei o não fez. E tanto o não fez, que o ato de 15 do corrente não pode invocar um texto em apoio do arbítrio a que o governo se aventurou. O seu raciocínio resume-se nesta ilação singular: "O tribunal legal desapareceu; logo, eu sou o tribunal necessário".

Não: essa dialética é falsa e subversiva de todo o direito. Se o tribunal não pode funcionar, porque os juízes estão envolvidos na causa, não se segue que a jurisdição passasse *ipso jure*, como *bem de evento*, ao patrimônio dos poderes do Executivo. Era mister, para isso, que a lei tivesse instituído a sucessão em favor dele. Aliás, a autoridade, de que a congregação decaiu, não toca a ninguém. Onde não há tribunal para julgar, a causa cessa de ser julgada. Se a lei não criou julgadores para os juízes, estes ficaram impunes. No que toca à privação de direitos e à aplicação de penas, as omissões da lei não se suprem, as competências expressas não se substituem.

Logo, o ato do governo é usurpatório e indefensável.

Ninguém pode negar o caráter de pena propriamente tal à suspensão de um lente por três meses, com perda dos seus vencimentos. O mesmo Código do Ensino, nos arts. 56 e 57, a designa por esse nome.

Essa pena tem a sua forma de aplicação delineada nos arts. 53 a 57, e não pode ser imposta senão mediante juízo da congregação. Mas quem a impôs foi o governo, e sem observância de nenhuma das garantias ali estatuídas.

Aí está, portanto, materialmente infringida a Constituição da República, art. 72, § 15, onde se determina:

> "Ninguém será sentenciado, senão pela autoridade competente, em virtude de lei anterior e na forma por ela regulada".

O ato de 15 do corrente avocou ao governo uma competência penal que o Código do Ensino não lhe confere, e aboliu na espécie a forma de julgar por ele regulada.

Fica destarte evidenciado palpavelmente o atentado e, ao mesmo tempo, firmada para o caso, em face do art. 60, *a* e *b*, da Constituição, a competência da Justiça Federal.

Resta examinar a aplicabilidade do remédio impetrado.

Os catedráticos, substitutos e professores são vitalícios desde a data da posse (*Cód. do Ensino*, art. 27). Como tais, a inauferibilidade do seu direito está sob a proteção inviolável da Constituição, art. 74. Em virtude desse predicado, como todos os cargos perpétuos, os do ensino superior entram como bens inalienáveis, salvas as condições legais da sua extensão, no patrimônio dos seus titulares. Tem-se aqui, pois, uma propriedade, com ambas as faces de todo direito apropriável: o domínio e a posse.

Em todo emprego há dois elementos: em primeiro lugar, o rótulo, que é a condição de apropriação, o domínio direto do cargo; em segundo, a efetividade, que constitui a sua posse.

A efetividade, manifestação especial da posse neste gênero de haveres, subdivide-se, por sua vez, em três idéias elementares:

Primeiramente, o exercício, a ação docente do magistério, a influência moral e intelectual da função, a exterioridade do direito no seu aspecto mais elevado, na sua expressão inestimável; depois, o vencimento, remuneração do serviço; em terceiro lugar, a antiguidade, capitalização do tempo acumulado em benefício da inatividade futura.

Se a suspensão ilegal lesasse o professor unicamente na sua remuneração e na contagem da aposentadoria, os prejudicados teriam contra esses abusos remédio suficiente nas ações de nulidade reguladas pelo dec. nº 221, de 20 de novembro de 1894, art. 13, e talvez no recurso de revisão, estabelecido pelo Pacto Federal, art. 59, nº III, e 81, posto que, na espécie vertente, não se possa propriamente considerar que haja "processo findo", não tendo havido processo algum.

Nenhum desses dois meios de restituição, porém, acode a perturbação atual da posse, a indébita interrupção do exercício, a ocupação usurpatória do cargo por incompetentes, a *juris possessio* do lente, a solução da continuidade verificada no domínio útil do seu direito.

Contra esse efeito do atentado, o único meio idôneo em direito é o interdito possessório.

Demais, a ação da lei nº 221 fora tardia, para corrigir a turbação da posse, nos termos em que a perpetrou o ato de 15 do corrente. A ação para indenização do dano, além de não reparar quanto ao elemento a que, há pouco, aludiam os impetrantes, seria intempestivo agora, enquanto o prejuízo não se acha consumado.

Tem-se contestado ultimamente entre nós, a benefício de interesses políticos, que direitos incorpóreos possam constituir objeto de posse. Mas a essa doutrina de ocasião, palmarmente errônea, tem feito este juízo a devida justiça em luminosas sentenças.

Numa delas, que os impetrantes pedem vênia para transcrever, porque encerra em períodos de uma concisão magistral a suma da verdade jurídica no assunto, sentencia este tribunal, cujas tradições tem conseguido firmar em pouco tempo a autoridade venerável das jurisprudências consolidadas pela antiguidade:

"O direito nacional tem apresentado casos de posse de direitos incorpóreos: posse de liberdade, que no regime da escravidão dava direito a manutenção em certos casos, *posses de cargos públicos*, etc.

"Sente-se que o espírito jurídico popular, fonte de todo o direito, pretende verificar, na prática, realidades jurídicas que teoricamente têm traços comuns como pertencentes à mesma família de institutos.

"No direito pré-republicano, alguns dos atos do poder público, turbatórios de direitos privados, estavam sujeitos aos interditos:

durante a monarquia portuguesa absoluta, veja-se, por exemplo, Lobão, *Interditos Possessórios*, pars. 8º e seguintes; durante o regime imperial brasileiro, veja-se a lei nº 242, de 1841, art. 3º.

"O direito constitucional da República (art. 60, *a*, *b* e *c*, do Pacto Federal) deu maior latitude e submeteu inteiramente à Justiça Federal os atos do governo que não fossem meramente *ex jure imperii*, ou que não ofendessem direitos privados fundados na Constituição, nas leis, nos tratados ou nos contratos.

"Por este regime ficou a União sujeita ao direito civil, à justiça e aos meios judiciários comuns, quando fosse posta em algum litígio.

"Se, pois, o particular que ameaça turbar, ou turba direitos corpóreos ou incorpóreos, está sujeito ao interdito, na mesma posição fica a ré (União), se do mesmo modo proceder quanto aos direitos individuais".

Ihering, numa das suas obras mais recentemente vulgarizadas por Meulenaere, ocupa-se deste assunto, com a sua eloqüência e profundeza habituais: "Grande é o valor da posse dos direitos para a teoria possessória. Aqui é que se manifesta, com uma clareza impossível de iludir-se, uma verdade, a cujo respeito se tem errado em matéria de *posse das coisas*, a saber, que **a posse não é o poder físico** sobre o objeto, **mas o exercício, a exterioridade do direito**".[1]

Algumas páginas adiante acrescenta o grande jurisconsulto:

"Extraordinária é a extensão que a posse dos direitos tem recebido no direito moderno. Neste caminho o precedeu o direito canônico e a jurisprudência dos tribunais eclesiásticos, que a aplicaram a todas as regalias, dignidades, funções, benefícios e dízimos da Igreja, sendo o seu exemplo tão cabalmente seguido pela legislação, bem como pela jurisprudência dos tribunais seculares, que não há *uma relação de direito público e privado que não fosse posta em comunicação com a idéia de posse*, desde que a esta houvesse meio de adaptá-lá".[2]

Os termos da *Ord*. 1. 3, t. 78, § 5º, genericamente extensivos a toda ameaça de turbação de direitos patrimoniais; o emprego comezinho da manutenção, antes da lei de 3 de maio, nas causas da

[1] R. Von Ihering, *Possession* (*Oeuvres Choisies*, Paris, 1893), p. 257.
[2] *Ibidem*., p. 261.

liberdade; o recurso à proteção possessória, como se recorda na supracitada sentença deste juízo, contra a usurpação de cargos públicos, são outras tantas provas da aplicação usual dos interditos possessórios, entre nós, em todos os tempos, como amparo judicial à quase-posse, isto é, a posse de cabedais incorpóreos, direitos, elementos imateriais do nosso patrimônio.

A única restrição à aplicabilidade regular desse meio assecuratório ou recuperatório da posse, ameaçada, ou espoliada, está nos atos compreendidos sob a rubrica do *jus imperii*. *Jus imperii* é a denominação antiga do terreno moral, onde se exerce a *ação discricionária do estado*. Esse vem a ser propriamente o domínio político. É a esfera onde a ação do poder se move livremente na plenitude do arbítrio governativo, a saber: onde não entende com a personalidade individual, com direitos adquiridos, com garantias constitucionais. Onde quer que exista um indivíduo, um direito legal ou uma garantia protetora de certas situações estabelecidas, a questão cessa de ser política, e, ainda que se relacione com a administração, o governo, ou a legislatura, assume o caráter judicial. Neste regime, toda vez que o poder se ache em contradição com a lei, ou esta em conflito com a Constituição, o direito violado na primeira colisão, ou na segunda, tem por si a interferência coercitiva da Justiça, restabelecendo a Constituição contra a lei, a lei contra os regulamentos ou os regulamentos contra as deliberações administrativas.

De acordo com os arts. 59 e 60 da Constituição, o art. 13, § 10, da lei de 20 de novembro de 1894, prescreveu a magistratura negar observância "às leis manifestamente inconstitucionais e aos regulamentos manifestamente incompatíveis com as leis, ou com a Constituição". Quando as leis, os regulamentos ou os atos oficiais não envolvem direitos do indivíduo, ou de personalidades jurídicas, a ação dos tribunais é impossível; porquanto ela não se exercita, senão em reclamo do direito de uma pessoa, individual ou coletiva. Em não havendo esse direito, a matéria, administrativa, regulamentar ou legislativa, toca ao *jus imperii*: é de ordem política. Em estando empenhado, porém, o direito positivo de uma entidade, física ou moral, quanto a relações que interessem à segurança pessoal, à liberdade ou ao patrimônio, o caso é judiciário.

No que respeita ao patrimônio, o direito individual corre o risco de ser violado por dois modos: na propriedade e na posse. Contra as lesões da propriedade, a lei nº 221 criou o meio redintegrante.

Contra as turbações correspondentes da posse, iminentes ou efetivas, porém, a salvaguarda do direito não pode estar senão no interdito proibitório, ou na manutenção.

A aposentadoria, a reforma e a demissão arbitrárias em cargos inamovíveis equivalem ao esbulho da propriedade. Esse esbulho repara-se mediante a ação sumária da lei de 20 de novembro de 1894, dentro no ano, ou mais tarde, pela ação ordinária, pois é erro supor que a instituição da primeira houvesse eliminado a segunda.

A suspensão ilegal, porém, importa simplesmente a turbação na posse do direito. Seu remédio está, pois, nos interditos possessórios, instrumentos judiciários de tutela do direito, que, sem mudar de natureza, vão-se adaptando, com a evolução jurídica, às novas aplicações da posse, às necessidades ulteriores de sua proteção.

Foi assim que a jurisprudência americana recebeu da inglesa o *mandamus* e a *injunction*, duas armas judiciais, defensivas da posse dos direitos, e, sob as exigências da modificação republicana, lhe deu, nos Estados Unidos, larga amplitude.

"Onde quer que exista o direito de exercitar um emprego, desempenhar um serviço ou uma função", dizia Lord Mansfield, o maior magistrado saxônio, "e um indivíduo é mantido fora da posse, ou desapossado desse direito, não havendo legalmente remédio específico que lhe aproveite, o tribunal pode valer-lhe com um *mandamus*."[3] Por esse meio se corrige ali a turbação consumada que a *injunction* previne e veda.[4] O primeiro corresponde, pois, à nossa manutenção; o segundo, à ação de mandado proibitório.

"Para manter um sistema de governo capaz de assegurar aos cidadãos os seus direitos", reflete Moses, no seu tratado acerca deste assunto, "necessário é ter pessoas nomeadas, ou eleitas, para executarem a lei. Essas, quando revestem poder tal, assumindo os deveres de funcionários públicos, têm destarte contraído o compromisso de observá-los; e, se negligenciam ou recusam fazê-lo, a todo o indivíduo cujos direitos foram por esse modo ofendidos, assiste o jus de pedir reparação. O remédio ministrado pelo nosso regime legal, assim como pelo da Inglaterra, consiste em um processo, iniciado no ramo judiciário do poder, com o fim de compelir o funcionário a fazer o que lhe impõe o cargo que ocupa. Esse meio denomina-se alvará de *mandamus*; e, quando existe o direito de

[3] Merrial, *Law of Mandamus* (1892), p. 1-2, 16.

[4] *Ibidem.*, p. 46.

exercer um emprego, desempenhar um serviço ou desfrutar uma franqueza, *especialmente em sendo matéria de interesse público (more especially if it be a matter of public concern)*, ou que se envolva vantagem, e o senhor desse direito se acha injustamente destituído da posse dele, ou lha tirarem, o tribunal interferirá mediante *mandamus*, apoiando-se em motivos de justiça e razões de ordem pública, no intuito de preservar a estabilidade e as normas da sua administração regular.

"Esse remédio é substancialmente um meio civil, em auxílio dos cidadãos privados do seu direito, conquanto o feito se inicie e processe em nome do Estado. O Estado figura como parte apenas nominalmente. É, portanto, um desses recursos a cujo amparo se socorrem aqueles que desejam reimitir-se na posse de um direito injusta e ilegalmente subtraído.

"Cumpre que, em todo governo bem constituído, a mais alta autoridade judiciária tenha necessariamente um poder de superintendência assim sobre os tribunais e juízes subordinados, *como sobre todos os que exercem autoridade pública (and all others exercising public authority)*. Se cometerem erros, emendá-los-á. Se negligenciarem ou recusarem cumprir o seu dever, constrangê-los-á. No primeiro caso, pelo *writ of error*; no segundo, pelo *writ of mandamus*.

"Essa instituição, cuja origem data de longe na história da jurisprudência inglesa, foi engendrada porque a justiça pública e o bem do governo o exigiam; e desde então se usa, desenvolvendo-se e melhorando por efeito de providências legislativas, a medida das necessidades de uma nação progressiva. Se, na Inglaterra, é um dos florões do tribunal do Banco do Rei, aqui é uma das gemas do nosso regime judiciário. Por meio dele os servidores do governo se mantêm sujeitos à vontade soberana da lei, *o cidadão é restituído aos postos de dignidade, ou lucro, em que foi provido pelos seus concidadãos*, e o governo obrigado a restabelecê-lo no gozo das franquezas que lhe assistirem."[5]

Outro abalizado tratadista da matéria ensina: "Cabe o alvará de *mandamus* contra todos os funcionários administrativos (*ministerial officers*), para os coagir a executarem os deveres positivos dos seus

---

[5] Moses, *The Law of Mandamus and the Practice Connected With It*, p. 14-15.

empregos e desempenharem as funções cuja delegação se lhes confiou a bem do público, ainda que a transgressão não os sujeite à penalidade".[6] Certamente, na aplicação desse remédio possessório, manifesta adaptação do interdito romano em uso entre nós, "os tribunais não examinaram as questões de conveniência, resolvidas pelas autoridades administrativas. Este é um dos mais importantes princípios gerais no uso desses meios de proteção judiciária, e interessa fundamentalmente quase todos os casos. Ele prevalece, qualquer que seja a situação, ou o caráter do funcionário, cujos atos se pretendam reprimir. Por humilde que seja, se o seu poder for discricionário, no exercício dele não se pode admitir ingerência fiscalizadora. *Mas, por mais alta que seja a sua autoridade, em havendo lei que a restrinja, há de ser obrigado a respeitá-la. Be he never so influential he must actin accordance with the law*".[7]

A diferença entre as duas hipóteses se discrimina ainda melhor noutro lance de um escritor já citado: "Quando os chefes dos vários ramos do Executivo são agentes políticos ou confidenciais do governo, meramente para executar as deliberações do presidente *'nos casos em que, constitucional ou legalmente, a administração dispõe de arbítrio (in cases where the executive possesses a constitutional or legal discretion)', claríssimo é que os seus atos só politicamente poderão ser discutidos. 'Mas onde a lei expressamente lhes impõe deveres oficiais' (but where a specific ministerial duty is assigned by law), e do cumprimento desses deveres dependerem direitos individuais, parece igualmente óbvio assistir ao indivíduo, que se presume lesado, o direito de recorrer, em busca de remédio, às leis do país; e o remédio adequado então vem a ser o* mandamus".[8]

A limitação ao recurso da proteção possessória, pelo *mandamus*, em benefício do direito individual, está em que a intimação tem por objeto unicamente "*constranger à observância da lei tal qual é*, e não se estende, pois, a casos nela omissos".[9] Os tribunais "não podem constranger um funcionário a praticar um ato que antes da ordem judiciária ele não estivesse legalmente obrigado a praticar,

---

[6] Wood, *A Treat on the Leg. Remedies of Mandamus and Prohibition*, 2. ed., 1891, p. 83.

[7] Goodnow, *Comparation Administrative Law*, vol. II, p. 205.

[8] Moses, *The Law of Mandamus*, cit., c. VI, p. 63.

[9] Merrill, *Law of Mandamus*, cit., p. 67.

um ato estranho aos deveres, que, em virtude do cargo, legalmente lhe incumbam, um ato ilegal, ou que a lei não autorize".[10]

O remédio possessório atua, pois, obrigatoriamente sobre toda a hierarquia administrativa, desde o subalterno até ao ministro, logo que haja violação positiva da lei e, com ela, esbulho de direito individual, para cuja reparação completa não exista outro meio competente. "É regra perfeitamente assentada que, quando os funcionários públicos obram sem autoridade legal, com violação de prescrições legislativas, ou em obediência a disposições inconstitucionais, praticando atos que materialmente ofendam, lesem, alterem ou destruam direitos individuais adquiridos (*private vested rights of individuals*), não tendo os prejudicados remédio especial contra o dano, se lhes concederá mandado proibitório (*injunction*), em repressão do infrator."[11]

O último ponto agora por liquidar está em saber se a posse de empregos públicos inamovíveis, ou vitalícios, envolve direito individual.

Também não pode haver dúvida na afirmativa se atentarmos em que a existência do direito individual se determina pelo interesse legal da pessoa, da liberdade ou do patrimônio. O emprego vitalício ou inamovível é uma aquisição permanente no patrimônio individual. Valor jurídico e material a um tempo, ele representa um capital empregado, uma autoridade adquirida e uma renda assegurada. As constituições e as leis afiançam a inviolabilidade, não só contra a espoliação absoluta, senão também contra a turbação transitória; isto é, contra a destituição e as suspensões ilegais. O emprego no funcionário indemissível é, portanto, objeto incontestável de posse civil. Logo, não se lhe pode negar a proteção possessória. A administração não se lhe poderia opor em nome do *jus imperii*. O *jus imperii*, equivalência da soberania, quer dizer faculdade discricionária, e não há discrição onde a autoridade do administrador se circunscreve a manter direitos particularizados na lei.

Por isso, a jurisprudência americana assegura os remédios usuais da posse em auxílio do empregado arbitrariamente exonerado ou

---

[10] *Ibidem*.

[11] Melchem, *A Treatise on the Law of Public Offices and Officers* (Chicago, 1890), 662, § 995.

removido. "Sustentam os tribunais", diz Goodnow,[12] "que onde a lei não autoriza a exonerar do cargo o funcionário, sem causa, compete à justiça decidir em que consista a causa admissível, contrastando assim o arbítrio da autoridade que exonera. Verdade seja que os tribunais não fundam esses julgados no intento de superintender a discrição das funções administrativas, mas na tese de que o verificar a realidade jurídica da causa não é matéria de arbítrio, e sim de legalidade (*the question, what is cause, is not a question of discretion, but a question of law*). Esta consideração, porém, não altera o fato de que, em última análise, a justiça exerce contraste sobre a discrição dos funcionários administrativos, e isto em ponto onde muitos cuidaram ser necessário que a administração disponha de arbítrio ilimitado."

Mais precisamente ainda encontramos elucidada a questão nos praxistas judiciários e administrativos.

Mechem,[13] por exemplo, no seu *Tratado das funções públicas*, diz, com referência aos mandados proibitórios (*injunction*): "Bem que este remédio não se conceda para verificar a legitimidade do título a um cargo, pode utilizar-se com o fim de proteger no seu exercício os atuais ocupantes, obstando a que outros o assumam, enquanto pelos meios competentes não for liquidada a validade do direito (*While the writ will not be granted to try the title to an office, it may be issued to protect the actual incumbents in their exercise of it by preventing others from interfering until the title can be determined by the proper proceedings*)".

E Wood: "A estes alvarás (de *mandamus*) se recorre, às vezes, com o intuito de restabelecer um indivíduo no cargo de cuja posse foi ilegalmente privado. (*This writ is sometimes resorted to for the purpose of restoring an individual to an office, where he has been illegally deprived of the possession thereof*)".[14]

E Lawson: "Procede o *mandamus* para o efeito de repor no cargo o funcionário ilegalmente exonerado (*It will lie to restore an officer, who has been unlawfully removed*)".[15]

---

[12] *Comparat. Administr. Law*, vol. II, p. 206.

[13] Mechem, *On Public Officers*, p. 662, § 994.

[14] Wood, *Mandamus and Prohibition*, cit., p. 11.

[15] Lawson, *Rights, Remedies, and Practice*, vol. VII, § 4030, p. 6335.

Tendo assim demonstrado os impetrantes:

1º Que a sua suspensão é contrária à lei expressa;

2º que os cargos em cujo exercício foram perturbados por esse ato são objeto de posse, no sentido jurídico da palavra;

3º que os interditos possessórios se aplicam à posse de direitos,

4º que entre esses direitos se compreendem os correspondentes às funções públicas inamovíveis;

5º que o uso da proteção possessória, em relação a cargos públicos, tem na jurisprudência das nossas leis existência conhecida;

6º que o emprego desse remédio para tais fins encontra novo e ainda mais sólido apoio nas tradições de nosso direito constitucional, requerem a V. Exa. que, autorada e distribuída a presente, os mande manutenir na posse legal dos ditos cargos, contra o atentado do ato de 15 do corrente, passando-se-lhe o respectivo mandado, sob as penas da lei, com intimação do dr. procurador da República, para os fins de direito.

Rio, 23 de julho de 1896.

E. R. M.
Rui Barbosa.

Rui Barbosa, da oratória ao grande público

JEAN PIERRE CHAUVIN[1]

Por muitas vezes associou-se o nome de Rui Caetano Barbosa de Oliveira (1849-1923) ao de uma figura mítica, quase lendária. O homem notável em vida foi alçado à condição de gênio intocável *pos mortem*, dono de imensa erudição, implacável oratória e vernáculo irrepreensível.

São qualificações parcialmente justas que, no entanto, parecem diluir ou esquecer o componente humano contido em sua faceta mais humilde, em meio à contribuição em diversas áreas para além do direito, a política e o jornalismo.

Nascido em Salvador (BA), Rui Barbosa iniciou os estudos de direito no Recife (PE), em 1866, e completou-os em São Paulo, onde foi colega de Castro Alves e Joaquim Nabuco. Formado advogado, passa a atuar mais intensamente na política e na imprensa,

[1] Doutor em Teoria Literária e Literatura Comparada, pela USP. Autor de *O Alienista: a teoria dos contrastes em Machado de Assis*, São Paulo, Reis Editorial, 2005.

sobretudo após se transferir para o Rio de Janeiro, na década de 1870.

Na capital federal, onde viveu a maior parte de sua vida, o jurista passou gradativamente para o terreno da política — sua grande paixão —, colecionando amizades influentes e bastante duradouras. Dentre elas, a de políticos, como Quintino Bocaiúva e Joaquim Nabuco e homens de nossas letras, especialmente Machado de Assis, patrono da ABL.

Leitor voraz e minucioso anotador de livros das mais diversas áreas de interesse, desde cedo o futuro senador liberal e ministro da fazenda demonstrou um firme posicionamento a respeito de assuntos espinhosos de seu tempo, contrário que era à monarquia e à manutenção da escravidão, e favorável à democratização do país.

Suas convicções também frutificaram, em grande parte, graças aos sólidos conhecimentos em direito e línguas — sobretudo inglês, francês e alemão —, bem como da literatura brasileira e outros saberes, como por exemplo, o folclore nacional e mesmo a medicina.

Leitor assíduo, escritor incansável. Rui Barbosa deixou uma vastíssima produção bibliográfica, que vem sendo reunida e reeditada desde sua morte. Dela se destacam contribuições para as ciências políticas e admiráveis sínteses de obras literárias, sem que fosse propriamente um crítico da matéria. Dados da Fundação Casa de Rui Barbosa, no Rio de Janeiro, informam que o conjunto de seus escritos já ocupa a impressionante marca de cento e trinta e sete volumes.

Muitos dentre seus numerosos artigos contribuíram para a formulação ou revisão de vários códigos de nossa legislação, como a regulamentação do *habeas corpus*, na época de Floriano Peixoto; a teoria da responsabilidade civil do Estado por atos dos seus funcionários; e é, em boa medida, a base legal da Constituição de 1891.

Considerem-se, ainda, os discursos de teor eminentemente político, bem como as incursões pessoais de rara sensibilidade, como o tocante *Adeus a Machado de Assis*, proferido pelo próprio Rui diante do ataúde de Machado (em 30 de setembro de 1908), e *Oração aos moços*, lida quando paraninfo da turma de direito do Largo São Francisco (1920). Esta sua homenagem aos formandos foi um misto de agradecimento, confissão e aconselhamento para seus eventuais sucessores, permeado pela sensibilidade e sabedoria de um homem prestigiado nacional e mundialmente.

E essas são apenas algumas amostras do inegável apuro estético e verve deste notável articulador de nosso idioma, cujo rigor técnico burilou a partir das muitas leituras e experiências com a língua portuguesa, que amava e defendia como poucos.

Nacionalista ardoroso e combativo, Rui Barbosa se envolveu em questões assaz ruidosas ao longo de sua carreira entre o direito, a política e as letras. O ponto alto de seu envolvimento com as questões de foro público levou-o ao exílio, ao que se viu forçado em razão de desavenças de cunho ideológico com o então presidente Floriano Peixoto.

Nesse período — de 1893 a 1895 —, entre Buenos Aires, Lisboa e Londres, Rui Barbosa produziu notáveis artigos em periódicos, colaborando inclusive para o nosso *Jornal do Comércio*, que naquela época era impresso na Inglaterra. Esses ensaios resultaram no conhecido livro *Cartas da Inglaterra*, publicado anos depois de seu regresso ao Brasil.

Morto o marechal Floriano Peixoto, retorna ao Brasil, acompanhado da família, e retoma sua carreira política, com o aval de boa parte da população. Após a Conferência de Paz em Haia, candidatou-se à Presidência da República, disputando o cargo com o marechal Hermes da Fonseca, em 1909. Em 1919, volta a fazer campanha, sendo derrotado pela ação dos militares pró Epitácio Pessoa. Vencido na esfera federal e desiludido com a incursão no campo político, Rui Barbosa volta-se com renovado afinco aos estudos de língua e literatura, ao final da vida, vindo a falecer em 1923, vitimado por uma série de moléstias.

Os registros dos elementos biográficos de Rui Barbosa — especialmente quando longe da tribuna ou da imprensa —, começaram a circular nos anos de 1940 e têm recebido contribuições notáveis. A despeito de o Autor ter sido visto por muito tempo como mero homem-símbolo do purismo gramatical, seu papel na cultura brasileira não se restringe à bem-sucedida produção de campanhas e textos. O conjunto de sua obra revela que o discurso bem feito constituiu um dos pré-requisitos para aclarar o firme posicionamento político e a defesa dos ideais brasileiros, perante outras nações de maior poder político e financeiro ou pujança econômica.

Profundo conhecedor da legislação de outros países, especialmente a inglesa, a francesa e a estadunidense, Rui Barbosa foi inovador ao falar sobre a legislação brasileira, e persistiu na defesa dos direitos a diversos segmentos profissionais, sem poupar ressalvas aos políticos de seu tempo, fossem eles estrangeiros ou não. É o que evidencia sua célebre participação na já citada Segunda Conferência de Haia, em meados de 1907. Nessa oportunidade, improvisou discurso em resposta à injustificada reprimenda que lhe fizera o segundo-delegado russo, Frederico de Martens. Este afirmara que o evento não seria um fórum de caráter político, devendo abordagens de tal natureza ser "excluídas das deliberações da Comissão". A resposta de Rui Barbosa, nosso embaixador e primeiro-delegado, feita no calor da hora, demonstra o seu profundo conhecimento acerca do direito internacional e da política. O discurso que proferiu revela domínio da língua francesa, além de notável habilidade de orar com extrema lógica e clareza. Esses fatores é que trouxeram o seu reconhecimento pelos demais conferencistas até o final do encontro: Rui Barbosa, "Águia de Haia".

É tempo de renovar a visão sobre Rui Barbosa. Trata-se de nome mais discutido do que lido, mais citado do que conhecido.

Para saber mais

BARBOSA, Rui. *Oração aos moços*, Editora Martin Claret, 2007.

Deuxième Conférence de La Paix – Actes et Discours de M. Rui Barbosa, La Haye, 1907.

MAGALHÃES, Rejane. *Rui Barbosa: Cronologia da Vida e Obra*, Rio de Janeiro, Fundação Casa de Rui Barbosa, 1999.

MANGABEIRA, João. Rui: o Estadista da República, Rio de Janeiro, Biblioteca Básica Brasileira, 1999.

MELO, Gladstone Chaves de. *A língua e o estilo de Rui Barbosa*, Rio de Janeiro, Ed. Gladstone Chaves de Melo, 1950.

NOGUEIRA, Rubem. *O advogado Rui Barbosa*, 4ª. Ed, Belo Horizonte, Nova Alvorada, 1996.

_____. *Rui Barbosa: combatente da legalidade*, Rio de Janeiro, Record, 1999.

OCTAVIO, Rodrigo. *Minhas memórias dos outros*, Rio de Janeiro, Civilização Brasileira, 1978/1979, 3 volumes.

PALHA, Américo. *A vida de Rui Barbosa*, Rio de Janeiro, Record, 1965.

Sumário

Prefácio de Evaristo de Morais Filho 5

O Dever do Advogado 23
Consulta 25
Carta 27
Respeitosas observações 39

Posse de Direitos Pessoais 43
Apêndice da petição inicial 93

Dados biográficos 111

O Objetivo, a filosofia e a missão da Editora Martin Claret

O principal objetivo da Martin Claret é contribuir para a difusão da educação e da cultura, por meio da democratização do livro, usando canais de comercialização habituais, além de criar novos.

A filosofia de trabalho da Martin Claret consiste em produzir livros de qualidade a um preço acessível, para que possam ser apreciados pelo maior número possível de leitores.

A missão da Martin Claret é conscientizar e motivar as pessoas a desenvolver e utilizar o seu pleno potencial espiritual, mental, emocional e social.

O livro muda as pessoas. Revolucione-se: leia mais para ser mais!

MARTIN CLARET

Relação dos Volumes Publicados

1. **Dom Casmurro**
Machado de Assis
2. **O Príncipe**
Maquiavel
3. **Mensagem**
Fernando Pessoa
4. **O Lobo do Mar**
Jack London
5. **A Arte da Prudência**
Baltasar Gracián
6. **Iracema / Cinco Minutos**
José de Alencar
7. **Inocência**
Visconde de Taunay
8. **A Mulher de 30 Anos**
Honoré de Balzac
9. **A Moreninha**
Joaquim Manuel de Macedo
10. **A Escrava Isaura**
Bernardo Guimarães
11. **As Viagens - "Il Milione"**
Marco Polo
12. **O Retrato de Dorian Gray**
Oscar Wilde
13. **A Volta ao Mundo em 80 Dias**
Júlio Verne
14. **A Carne**
Júlio Ribeiro
15. **Amor de Perdição**
Camilo Castelo Branco
16. **Sonetos**
Luís de Camões
17. **O Guarani**
José de Alencar
18. **Memórias Póstumas de Brás Cubas**
Machado de Assis
19. **Lira dos Vinte Anos**
Álvares de Azevedo
20. **Apologia de Sócrates / Banquete**
Platão
21. **A Metamorfose/Um Artista da Fome/Carta a Meu Pai**
Franz Kafka
22. **Assim Falou Zaratustra**
Friedrich Nietzsche
23. **Triste Fim de Policarpo Quaresma**
Lima Barreto
24. **A Ilustre Casa de Ramires**
Eça de Queirós
25. **Memórias de um Sargento de Milícias**
Manuel Antônio de Almeida
26. **Robinson Crusoé**
Daniel Defoe
27. **Espumas Flutuantes**
Castro Alves
28. **O Ateneu**
Raul Pompéia
29. **O Noviço / O Juiz de Paz da Roça / Quem Casa Quer Casa**
Martins Pena
30. **A Relíquia**
Eça de Queirós
31. **O Jogador**
Dostoiévski
32. **Histórias Extraordinárias**
Edgar Allan Poe
33. **Os Lusíadas**
Luís de Camões
34. **As Aventuras de Tom Sawyer**
Mark Twain
35. **Bola de Sebo e Outros Contos**
Guy de Maupassant
36. **A República**
Platão
37. **Elogio da Loucura**
Erasmo de Rotterdam
38. **Caninos Brancos**
Jack London
39. **Hamlet**
William Shakespeare
40. **A Utopia**
Thomas More
41. **O Processo**
Franz Kafka
42. **O Médico e o Monstro**
Robert Louis Stevenson
43. **Ecce Homo**
Friedrich Nietzsche
44. **O Manifesto do Partido Comunista**
Marx e Engels
45. **Discurso do Método / Meditações**
René Descartes
46. **Do Contrato Social**
Jean-Jacques Rousseau
47. **A Luta pelo Direito**
Rudolf von Ihering
48. **Dos Delitos e das Penas**
Cesare Beccaria
49. **A Ética Protestante e o Espírito do Capitalismo**
Max Weber
50. **O Anticristo**
Friedrich Nietzsche
51. **Os Sofrimentos do Jovem Werther**
Goethe
52. **As Flores do Mal**
Charles Baudelaire
53. **Ética a Nicômaco**
Aristóteles
54. **A Arte da Guerra**
Sun Tzu
55. **Imitação de Cristo**
Tomás de Kempis
56. **Cândido ou o Otimismo**
Voltaire
57. **Rei Lear**
William Shakespeare
58. **Frankenstein**
Mary Shelley
59. **Quincas Borba**
Machado de Assis
60. **Fedro**
Platão
61. **Política**
Aristóteles
62. **A Viuvinha / Encarnação**
José de Alencar
63. **As Regras do Método Sociológico**
Émile Durkheim
64. **O Cão dos Baskervilles**
Sir Arthur Conan Doyle
65. **Contos Escolhidos**
Machado de Assis
66. **Da Morte / Metafísica do Amor / Do Sofrimento do Mundo**
Arthur Schopenhauer
67. **As Minas do Rei Salomão**
Henry Rider Haggard
68. **Manuscritos Econômico-Filosóficos**
Karl Marx
69. **Um Estudo em Vermelho**
Sir Arthur Conan Doyle
70. **Meditações**
Marco Aurélio
71. **A Vida das Abelhas**
Maurice Materlinck
72. **O Cortiço**
Aluísio Azevedo
73. **Senhora**
José de Alencar
74. **Brás, Bexiga e Barra Funda / Laranja da China**
Antônio de Alcântara Machado
75. **Eugênia Grandet**
Honoré de Balzac
76. **Contos Gauchescos**
João Simões Lopes Neto
77. **Esaú e Jacó**
Machado de Assis
78. **O Desespero Humano**
Sören Kierkegaard
79. **Dos Deveres**
Cícero
80. **Ciência e Política**
Max Weber
81. **Satíricon**
Petrônio
82. **Eu e Outras Poesias**
Augusto dos Anjos
83. **Farsa de Inês Pereira / Auto da Barca do Inferno / Auto da Alma**
Gil Vicente
84. **A Desobediência Civil e Outros Escritos**
Henry David Toreau
85. **Para Além do Bem e do Mal**
Friedrich Nietzsche
86. **A Ilha do Tesouro**
R. Louis Stevenson
87. **Marília de Dirceu**
Tomás A. Gonzaga
88. **As Aventuras de Pinóquio**
Carlo Collodi
89. **Segundo Tratado Sobre o Governo**
John Locke
90. **Amor de Salvação**
Camilo Castelo Branco
91. **Broquéis/Faróis/Últimos Sonetos**
Cruz e Souza
92. **I-Juca-Pirama / Os Timbiras / Outros Poemas**
Gonçalves Dias
93. **Romeu e Julieta**
William Shakespeare
94. **A Capital Federal**
Arthur Azevedo
95. **Diário de um Sedutor**
Sören Kierkegaard
96. **Carta de Pero Vaz de Caminha a El-Rei Sobre o Achamento do Brasil**
97. **Casa de Pensão**
Aluísio Azevedo
98. **Macbeth**
William Shakespeare

99. ÉDIPO REI/ANTÍGONA
Sófocles

100. LUCÍOLA
José de Alencar

101. AS AVENTURAS DE SHERLOCK HOLMES
Sir Arthur Conan Doyle

102. BOM-CRIOULO
Adolfo Caminha

103. HELENA
Machado de Assis

104. POEMAS SATÍRICOS
Gregório de Matos

105. ESCRITOS POLÍTICOS / A ARTE DA GUERRA
Maquiavel

106. UBIRAJARA
José de Alencar

107. DIVA
José de Alencar

108. EURICO, O PRESBÍTERO
Alexandre Herculano

109. OS MELHORES CONTOS
Lima Barreto

110. A LUNETA MÁGICA
Joaquim Manuel de Macedo

111. FUNDAMENTAÇÃO DA METAFÍSICA DOS COSTUMES E OUTROS ESCRITOS
Immanuel Kant

112. O PRÍNCIPE E O MENDIGO
Mark Twain

113. O DOMÍNIO DE SI MESMO PELA AUTO-SUGESTÃO CONSCIENTE
Émile Coué

114. O MULATO
Aluísio Azevedo

115. SONETOS
Florbela Espanca

116. UMA ESTADIA NO INFERNO / POEMAS / CARTA DO VIDENTE
Arthur Rimbaud

117. VÁRIAS HISTÓRIAS
Machado de Assis

118. FÉDON
Platão

119. POESIAS
Olavo Bilac

120. A CONDUTA PARA A VIDA
Ralph Waldo Emerson

121. O LIVRO VERMELHO
Mao Tsé-Tung

122. ORAÇÃO AOS MOÇOS
Rui Barbosa

123. OTELO, O MOURO DE VENEZA
William Shakespeare

124. ENSAIOS
Ralph Waldo Emerson

125. DE PROFUNDIS / BALADA DO CÁRCERE DE READING
Oscar Wilde

126. CRÍTICA DA RAZÃO PRÁTICA
Immanuel Kant

127. A ARTE DE AMAR
Ovídio Naso

128. O TARTUFO OU O IMPOSTOR
Molière

129. METAMORFOSES
Ovídio Naso

130. A GAIA CIÊNCIA
Friedrich Nietzsche

131. O DOENTE IMAGINÁRIO
Molière

132. UMA LÁGRIMA DE MULHER
Aluísio Azevedo

133. O ÚLTIMO ADEUS DE SHERLOCK HOLMES
Sir Arthur Conan Doyle

134. CANUDOS - DIÁRIO DE UMA EXPEDIÇÃO
Euclides da Cunha

135. A DOUTRINA DE BUDA
Siddharta Gautama

136. TAO TE CHING
Lao-Tsé

137. DA MONARQUIA / VIDA NOVA
Dante Alighieri

138. A BRASILEIRA DE PRAZINS
Camilo Castelo Branco

139. O VELHO DA HORTA/QUEM TEM FARELOS?/AUTO DA ÍNDIA
Gil Vicente

140. O SEMINARISTA
Bernardo Guimarães

141. O ALIENISTA / CASA VELHA
Machado de Assis

142. SONETOS
Manuel du Bocage

143. O MANDARIM
Eça de Queirós

144. NOITE NA TAVERNA / MACÁRIO
Álvares de Azevedo

145. VIAGENS NA MINHA TERRA
Almeida Garrett

146. SERMÕES ESCOLHIDOS
Padre Antonio Vieira

147. OS ESCRAVOS
Castro Alves

148. O DEMÔNIO FAMILIAR
José de Alencar

149. A MANDRÁGORA / BELFAGOR, O ARQUIDIABO
Maquiavel

150. O HOMEM
Aluísio Azevedo

151. ARTE POÉTICA
Aristóteles

152. A MEGERA DOMADA
William Shakespeare

153. ALCESTE/ELECTRA/HIPÓLITO
Eurípedes

154. O SERMÃO DA MONTANHA
Huberto Rohden

155. O CABELEIRA
Franklin Távora

156. RUBÁIYÁT
Omar Khayyám

157. LUZIA-HOMEM
Domingos Olímpio

158. A CIDADE E AS SERRAS
Eça de Queirós

159. A RETIRADA DA LAGUNA
Visconde de Taunay

160. A VIAGEM AO CENTRO DA TERRA
Júlio Verne

161. CARAMURU
Frei Santa Rita Durão

162. CLARA DOS ANJOS
Lima Barreto

163. MEMORIAL DE AIRES
Machado de Assis

164. BHAGAVAD GITA
Krishna

165. O PROFETA
Khalil Gibran

166. AFORISMOS
Hipócrates

167. KAMA SUTRA
Vatsyayana

168. O LIVRO DA JÂNGAL
Rudyard Kipling

169. DE ALMA PARA ALMA
Huberto Rohden

170. ORAÇÕES
Cícero

171. SABEDORIA DAS PARÁBOLAS
Huberto Rohden

172. SALOMÉ
Oscar Wilde

173. DO CIDADÃO
Thomas Hobbes

174. PORQUE SOFREMOS
Huberto Rohden

175. EINSTEIN: O ENIGMA DO UNIVERSO
Huberto Rohden

176. A MENSAGEM VIVA DO CRISTO
Huberto Rohden

177. MAHATMA GANDHI
Huberto Rohden

178. A CIDADE DO SOL
Tommaso Campanella

179. SETAS PARA O INFINITO
Huberto Rohden

180. A VOZ DO SILÊNCIO
Helena Blavatsky

181. FREI LUÍS DE SOUSA
Almeida Garrett

182. FÁBULAS
Esopo

183. CÂNTICO DE NATAL/ OS CARRILHÕES
Charles Dickens

184. CONTOS
Eça de Queirós

185. O PAI GORIOT
Honoré de Balzac

186. NOITES BRANCAS E OUTRAS HISTÓRIAS
Dostoiévski

187. MINHA FORMAÇÃO
Joaquim Nabuco

188. PRAGMATISMO
William James

189. DISCURSOS FORENSES
Enrico Ferri

190. MEDÉIA
Eurípedes

191. DISCURSOS DE ACUSAÇÃO
Enrico Ferri

192. A IDEOLOGIA ALEMÃ
Marx & Engels

193. PROMETEU ACORRENTADO
Ésquilo

194. IAIÁ GARCIA
Machado de Assis

195. DISCURSOS NO INSTITUTO DOS ADVOGADOS BRASILEIROS / DISCURSO NO COLÉGIO ANCHIETA
Rui Barbosa

196. ÉDIPO EM COLONO
Sófocles

197. A ARTE DE CURAR PELO ESPÍRITO
Joel S. Goldsmith

198. JESUS, O FILHO DO HOMEM
Khalil Gibran

199. DISCURSO SOBRE A ORIGEM E OS FUNDAMENTOS DA DESIGUALDADE ENTRE OS HOMENS
Jean-Jacques Rousseau

200. Fábulas
La Fontaine

201. O Sonho de uma Noite de Verão
William Shakespeare

202. Maquiavel, o Poder
José Nivaldo Junior

203. Ressurreição
Machado de Assis

204. O Caminho da Felicidade
Huberto Rohden

205. A Velhice do Padre Eterno
Guerra Junqueiro

206. O Sertanejo
José de Alencar

207. Gitanjali
Rabindranath Tagore

208. Senso Comum
Thomas Paine

209. Canaã
Graça Aranha

210. O Caminho Infinito
Joel S. Goldsmith

211. Pensamentos
Epicuro

212. A Letra Escarlate
Nathaniel Hawthorne

213. Autobiografia
Benjamin Franklin

214. Memórias de Sherlock Holmes
Sir Arthur Conan Doyle

215. O Dever do Advogado / Posse de Direitos Pessoais
Rui Barbosa

216. O Tronco do Ipê
José de Alencar

217. O Amante de Lady Chatterley
D. H. Lawrence

218. Contos Amazônicos
Inglês de Souza

219. A Tempestade
William Shakespeare

220. Ondas
Euclides da Cunha

221. Educação do Homem Integral
Huberto Rohden

222. Novos Rumos para a Educação
Huberto Rohden

223. Mulherzinhas
Louise May Alcott

224. A Mão e a Luva
Machado de Assis

225. A Morte de Ivan Ilicht / Senhores e Servos
Leon Tolstói

226. Álcoois e Outros Poemas
Apollinaire

227. Pais e Filhos
Ivan Turguêniev

228. Alice no País das Maravilhas
Lewis Carroll

229. À Margem da História
Euclides da Cunha

230. Viagem ao Brasil
Hans Staden

231. O Quinto Evangelho
Tomé

232. Lorde Jim
Joseph Conrad

233. Cartas Chilenas
Tomás Antônio Gonzaga

234. Odes Modernas
Anntero de Quental

235. Do Cativeiro Babilônico da Igreja
Martinho Lutero

236. O Coração das Trevas
Joseph Conrad

237. Thais
Anatole France

238. Andrômaca / Fedra
Racine

239. As Catilinárias
Cícero

240. Recordações da Casa dos Mortos
Dostoiévski

241. O Mercador de Veneza
William Shakespeare

242. A Filha do Capitão / A Dama de Espadas
Aleksandr Púchkin

243. Orgulho e Preconceito
Jane Austen

244. A Volta do Parafuso
Henry James

245. O Gaúcho
José de Alencar

246. Tristão e Isolda
Lenda Medieval Celta de Amor

247. Poemas Completos de Alberto Caeiro
Fernando Pessoa

248. Maiakósvski
Vida e Poesia

249. Sonetos
William Shakespeare

250. Poesia de Ricardo Reis
Fernando Pessoa

251. Papéis Avulsos
Machado de Assis

252. Contos Fluminenses
Machado de Assis

253. O Bobo
Alexandre Herculano

254. A Oração da Coroa
Demóstenes

255. O Castelo
Franz Kafka

256. O Trovejar do Silêncio
Joel S. Goldsmith

257. Alice na Casa dos Espelhos
Lewis Carrol

258. Miséria da Filosofia
Karl Marx

259. Júlio César
William Shakespeare

260. Antônio e Cleópatra
William Shakespeare

261. Filosofia da Arte
Huberto Rohden

262. A Alma Encantadora das Ruas
João do Rio

263. A Normalista
Adolfo Caminha

264. Pollyanna
Eleanor H. Porter

265. As Pupilas do Senhor Reitor
Júlio Diniz

266. As Primaveras
Casimiro de Abreu

267. Fundamentos do Direito
Léon Duguit

268. Discursos de Metafísica
G. W. Leibniz

269. Sociologia e Filosofiia
Émile Durkheim

270. Cancioneiro
Fernando Pessoa

271. A Dama das Camélias
Alexandre Dumas (filho)

272. O Divórcio / As Bases da Fé / e outros textos
Rui Barbosa

273. Pollyanna Moça
Eleanor H. Porter

274. O 18 Brumário de Luís Bonaparte
Karl Marx

275. Teatro de Machado de Assis
Antologia

276. Cartas Persas
Montesquieu

277. Em Comunhão com Deus
Huberto Rohden

278. Razão e Sensibilidade
Jane Austen

279. Crônicas Selecionadas
Machado de Assis

280. Histórias da Meia-Noite
Machado de Assis

281. Cyrano de Bergerac
Edmond Rostand

282. O Maravilhoso Mágico de Oz
L. Frank Baum

283. Trocando Olhares
Florbela Espanca

284. O Pensamento Filosófico da Antiguidade
Huberto Rohden

285. Filosofia Contemporânea
Huberto Rohden

286. O Espírito da Filosofia Oriental
Huberto Rohden

287. A Pele do Lobo / O Badejo / o Dote
Artur Azevedo

288. Os Bruzundangas
Lima Barreto

289. A Pata da Gazela
José de Alencar

290. O Vale do Terror
Sir Arthur Conan Doyle

291. O Signo dos Quatro
Sir Arthur Conan Doyle

292. As Máscaras do Destino
Florbela Espanca

293. A Confissão de Lúcio
Mário de Sá-Carneiro

294. Falenas
Machado de Assis

295. O Uraguai / A Declamação Trágica
Basílio da Gama

296. Crisálidas
Machado de Assis

297. Americanas
Machado de Assis

298. A Carteira de Meu Tio
Joaquim Manuel de Macedo

299. Catecismo da Filosofia
Huberto Rohden

301. Rumo à Consciência Cósmica
Huberto Rohden

302. **Cosmoterapia**
Huberto Rohden

303. **Bodas de Sangue**
Federico García Lorca

304. **Discurso da Servidão Voluntária**
Étienne de la Boétie

305. **Categorias**
Aristóteles

306. **Manon Lescaut**
Abade Prévost

307. **Teogonia / Trabalhos e Dias**
Hesíodo

308. **As Vítimas Algozes**
Joaquim Manuel de Macedo

309. **Persuasão**
Jane Austen

Série Ouro
(Livros com mais de 400 p.)

1. **Leviatã**
Thomas Hobbes

2. **A Cidade Antiga**
Fustel de Coulanges

3. **Crítica da Razão Pura**
Immanuel Kant

4. **Confissões**
Santo Agostinho

5. **Os Sertões**
Euclides da Cunha

6. **Dicionário Filosófico**
Voltaire

7. **A Divina Comédia**
Dante Alighieri

8. **Ética Demonstrada à Maneira dos Geômetras**
Baruch de Spinoza

9. **Do Espírito das Leis**
Montesquieu

10. **O Primo Basílio**
Eça de Queirós

11. **O Crime do Padre Amaro**
Eça de Queirós

12. **Crime e Castigo**
Dostoiévski

13. **Fausto**
Goethe

14. **O Suicídio**
Émile Durkheim

15. **Odisséia**
Homero

16. **Paraíso Perdido**
John Milton

17. **Drácula**
Bram Stoker

18. **Ilíada**
Homero

19. **As Aventuras de Huckleberry Finn**
Mark Twain

20. **Paulo – O 13º Apóstolo**
Ernest Renan

21. **Eneida**
Virgílio

22. **Pensamentos**
Blaise Pascal

23. **A Origem das Espécies**
Charles Darwin

24. **Vida de Jesus**
Ernest Renan

25. **Moby Dick**
Herman Melville

26. **Os Irmãos Karamazovi**
Dostoiévski

27. **O Morro dos Ventos Uivantes**
Emily Brontë

28. **Vinte Mil Léguas Submarinas**
Júlio Verne

29. **Madame Bovary**
Gustave Flaubert

30. **O Vermelho e o Negro**
Stendhal

31. **Os Trabalhadores do Mar**
Victor Hugo

32. **A Vida dos Doze Césares**
Suetônio

34. **O Idiota**
Dostoiévski

35. **Paulo de Tarso**
Huberto Rohden

36. **O Peregrino**
John Bunyan

37. **As Profecias**
Nostradamus

38. **Novo Testamento**
Huberto Rohden

39. **O Corcunda de Notre Dame**
Victor Hugo

40. **Arte de Furtar**
Anônimo do século XVII

41. **Germinal**
Émile Zola

42. **Folhas de Relva**
Walt Whitman

43. **Ben-Hur — Uma História dos Tempos de Cristo**
Lew Wallace

44. **Os Maias**
Eça de Queirós

45. **O Livro da Mitologia**
Thomas Bulfinch

46. **Os Três Mosqueteiros**
Alexandre Dumas

47. **Poesia de Álvaro de Campos**
Fernando Pessoa

48. **Jesus Nazareno**
Huberto Rohden

49. **Grandes Esperanças**
Charles Dickens

50. **A Educação Sentimental**
Gustave Flaubert

51. **O Conde de Monte Cristo (Volume I)**
Alexandre Dumas

52. **O Conde de Monte Cristo (Volume II)**
Alexandre Dumas

53. **Os Miseráveis (Volume I)**
Victor Hugo

54. **Os Miseráveis (Volume II)**
Victor Hugo

55. **Dom Quixote de La Mancha (Volume I)**
Miguel de Cervantes

56. **Dom Quixote de La Mancha (Volume II)**
Miguel de Cervantes

58. **Contos Escolhidos**
Artur Azevedo

59. **As Aventuras de Robin Hood**
Howard Pyle